어떤 죽음 4

죽음에 대한 인문학 이야기

──────────── 재난편

IMH
경희대학교 인문학연구원
HK+통합의료인문학연구단
통합의료인문학 교양총서 07

죽음에 대한 인문학 이야기

재난편

어떤 죽음4

김승래 김현수 이동규 조민하
조태구 최성민 최성운 최지희 지음

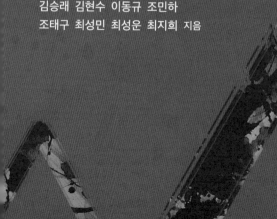

도서출판 모시는사람들

★서문★

　경희대학교 인문학연구원 HK플러스 통합의료인문학연구
단은 4차 산업혁명 시대의 인간 가치를 정립하고, 통합의료인
문학 연구를 사회적으로 확산하는 것을 목표로 활동하고 있습
니다. 통합의료인문학은 인문학의 관점에서 의료를 성찰하고
반성하려는 학문이며, 여기서 인문학은 무엇보다 인간의 삶,
즉 인간의 생로병사(生老病死)를 탐구하는 학문을 의미합니다.
통합의료인문학은 생로병사로 규정되는 인간의 삶에 대한 탐
구를 중심으로 의료를 성찰하고 반성하려는 학문입니다.

　경희대학교 인문학연구원 HK플러스 통합의료인문학연구
단은 이러한 통합의료인문학의 성과를 학계와 일반 대중과 공
유하기 위해 학술총서와 교양총서, 교양문고 시리즈를 출간하
고 있습니다. 〈어떤 죽음 - 죽음에 대한 인문학 이야기〉는 통
합의료인문학연구단이 2021년부터 발행하고 있는 교양문고

시리즈로서 죽음을 주제로 하고 있습니다. 부제 "죽음에 대한 인문학 이야기"가 암시하고 있는 것처럼, 이 시리즈를 통해 문학, 역사, 철학 등 다양한 인문학 분야의 연구자들은 죽음에 대해 '어떤' '이야기'를 전해드리고자 합니다.

그런데 죽음이 언제나 특정한 누군가의 죽음인 한, 이 〈어떤 죽음〉 시리즈의 제목에서 '어떤'은 '특정되지 않는 막연한 무엇'을 뜻하지 않습니다. 〈어떤 죽음〉의 이 "어떤"은 구체적인 누군가의 이름을 집어넣기 위해 남겨 놓은 괄호와 같습니다. 그 괄호 속에 들어갈 이름은 죽어 버린 주체의 이름일 수도 있고, 죽음을 성찰하고 표현하는 누군가의 이름일 수도 있습니다. 그렇게 2021년 출판한 〈어떤 죽음〉 1권 '연예인 편'과 2022년 출판한 2권 '문학 속 인물 편', 그리고 2023년 출판한 3권 '철학자 편'에는 신해철과 이영훈, 카펜터와 장국영, 김혜순, 최인훈(혹은 이명준), 아킬레우스와 헥토르, 소크라테스, 데카르트, 레비나스 등의 죽음에 대한 이야기가 수록되어 있습니다.

그러나 인문학이 보편을 추구하는 하나의 학문인 한, 〈어떤 죽음〉 시리즈가 전하는 죽음에 대한 '인문학'의 이야기가 단순히 죽음과 관련된 개인적 사연을 소개하는 데에 멈추는 것일 수는 없습니다. 〈어떤 죽음〉 시리즈에 수록된 각각의 글들은 구체적인 이름을 가진 '어떤 죽음'에 대해 이야기하면서, 죽음에 대한 보편적인 성찰로 독자들을 인도합니다. 구체적인 하나의 개인을 통해 모든 죽음 혹은 죽음 일반에 대해 말하고자 합니다. 구체적인 누군가의 죽음은 모든 죽음, 죽음 일반으로 향해 나아가는 통로입니다.

이제 시리즈의 네번째 책이 되는 〈어떤 죽음 4〉는 재난과 관련된 죽음에 대해 말하고자 합니다. 〈재난 및 안전관리 기본법〉은 "국민의 생명·신체·재산과 국가에 피해를 주거나 줄 수 있는 것"을 '재난'으로 정의하고, 그것을 태풍, 홍수, 호우, 강풍, 풍랑, 해일 등의 '자연재난'과 화재, 붕괴, 폭발, 교통사고, 환경오염사고, 다중운집인파사고 등의 '사회재난'으로 구분하고 있습니다. 먼저 이러한 정의가 함축하고 있는 의미는 재난이란 특정한 개인이나 집단의 의도에 의해 발생하는 것이 아니라는 점입니다. 국어사전이 정의하는 바와 같이 재난이란 "뜻밖에 일어난 재앙과 고난"을 의미합니다. 그런데 〈재난 및 안전관리 기본법〉은 재난의 피해 대상을 몇몇 개인이나 집단이 아닌 국민과 국가로 명시함으로써, 재난이 몇몇 개인이나 집단에 한정된 사태가 아니라는 점을 말하고 있습니다. 재난은 몇몇 개인이나 소규모 집단이 해결할 수 없는 대규모 피해를 동반하는 의도되지 않은 사건 혹은 사태를 지칭합니다.

이렇게 정의되는 재난 속에 인간 개인에 대한 관심은 쉽게 지워져 버립니다. 뜻밖에 일어난 사태이기에 누군가에게 책임을 묻기도 어렵고, 또 피해 대상이 다수이기에 피해를 입은 특정한 누군가에게 집중하기도 어렵습니다. 대규모 사태 속에, 그 거대한 장막 뒤에 감춰져 개인은 쉽게 보이지 않습니다. 그러나 "재난 속에서도 설령 파괴되고 비틀어졌을지언정 삶은 계속 이어"집니다.(본문 226쪽) 재난 속에서 살아남은 하나하나의 이름이 있고, 재난 속에서 사라져간 하나하나의 이름이 있습니다. 〈어떤 죽음 4〉는 재난이라는 대규모 사태 속에서도 그 하나의 이름을, 인간 개인을 잊지 않으려 했습니다. 물론 재난의 특성상 사회 전체의 시스템에 대한 관심을 배제할 수는 없습니다. 그러나 우선 구체적인 이름, 익명으로 지칭될지라도 그 하나의 이름으로 이야기를 시작하고자 합니다.

조민하는 세월호 잠수사 고 김관홍 씨의 이야기를 매개로 2014년 4월 16일 발생한, 아직도 많은 사람의 기억 속에 아프게 새겨져 있는 세월호 참사에 대해 말하고, 조태구는 죽은 딸의 생일 전날 식사 나눔을 진행하는 강선이 씨의 이야기를 시작으로 2022년 10월 29일 서울 한복판에서 발생한 이태원 참사를 되짚어 봅니다. 최성민은 가습기 살균제의 피해로 사망한 이들이 입은 피해와 그 지난했던 해결 과정을 정리하면서 가습기 살균제로 인한 대규모 피해를 "느린 재난"으로 규정하고, 김현수는 코로나19 팬데믹 상황에서 백신으로 사망했음을 인정받은 매우 드문 사례인 두 젊은 남성의 사례를 살펴보면서, 의료가 말하는 인과성 개념에 대해 살펴봅니다. 최성운은 지구온난화로 인해 닥쳐올지도 모를, 그 규모를 측정할 수조차 없는 환경재난을 에어컨 설비 작업을 하다가 사망한 ㄱ 씨의 사례를 통해 이야기합니다.

물론 재난이 대규모 피해를 발생시키는 사태인 한, 재난을 얘기하면서 사회 시스템에 대한 이야기를 하지 않을 수는 없습니다. 이동규는 시슬리 윌리엄스라는 의사의 활동을 통해 환경이나 위생 혹은 생활 습관의 문제가 의료의 문제로 치환되는 상황을 기술하면서, 이러한 건강을 위한 조건들이 사회 시스템으로 충분히 갖춰지지 않았을 때 그것이 "만성적 재난", 즉 조금씩 삶을 갉아먹어 버리는 재난이 될 수 있음을 암시하고, 최지희는 동일한 맥락에서 콜레라나 장티푸스, 이질 등의 수인성전염병으로 인해 발생한 피해에 대한 인식과 대응이 식품위생을 공공 위생의 중요 고려 사안으로 자리 잡게 만든 역사적 상황을 풍부한 예를 통해 전달해주고 있습니다. 마지막으로 김승래는 콜레라 백신을 20차례 접종하고 사망한 익명의 중국인 임노동자에 대한 짧은 기사를 시작으로 마치 추리소설처럼, 이 익명의 중국인이 살았던 시대적 배경과 사회 시스템을 추적하여 재구성하면서 재난 속에서도 어떻게든 살아남으려고 발버둥쳤던 한 개인의 이야기를 전합니다.

이렇게 〈어떤 죽음 4〉에 수록된 글들은 재난 앞에 선 개인의 이야기들을 담고 있지만, 또 이 개인이 재난을 맞이해야 했던 당시의 사회 시스템에 대해서도 말하고 있습니다. 재난이 "뜻밖의" 사태임에는 분명하지만, 그 "뜻밖의" 사태는 언제나 사회 시스템의 불완전함으로부터 발생한다는 것도 분명한 사실입니다. 재난은 "뜻밖의" 사태여서 누구에게도 책임이 없는 것이 아니라, 그 "뜻밖의" 사태를 미리 대비하지 못했다는 책임을 드러내고, 재난을 피하기 위해 갖춰야 할 것들이 무엇인지 알려줍니다. 〈어떤 죽음 4〉가 전하는 죽음에 대한 인문학 이야기를 통해 우리가 져야 할 책임이 무엇이고 갖춰야 할 것들이 무엇인지 함께 성찰할 수 있기를 바랍니다.

의료인문학은 사람의 생로병사에 대한 인문학적 연구를 지

향합니다. 병든 사람을 치료하는 의료도 중요하지만, 사람들이 "뜻밖의" 일로 위기와 죽음을 맞이하는 일이 없도록 하는 일은 더욱 중요합니다. 의료인문학이 재난으로 인한 '어떤 죽음'을 들여다보려는 이유는 그런 배경에 놓여 있습니다. 책에서 언급된 여러 재난으로 인해 목숨을 잃은 모든 이들에게 깊은 애도를 표합니다.

필자를 대표하여 조태구 씀

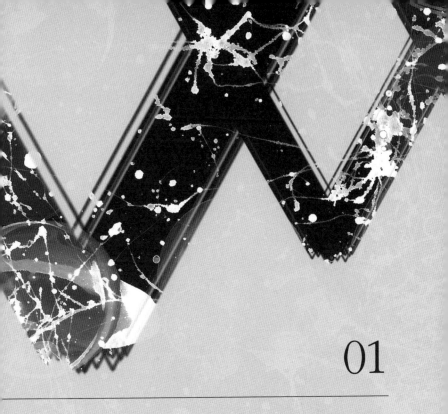

01

깊은 물 속의 울림

―세월호 잠수사 故 김관홍 씨 이야기

조민하

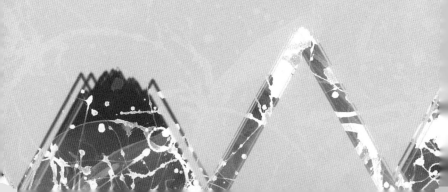

비극의 시작, 단 한 사람의 부재

2014년 4월 16일 아침, 우리는 세월호라는 이름의 여객선이 침몰하는 참혹한 소식을 접했다. 세월호에는 승객과 승무원 476명이 탑승하고 있었으며, 이 가운데 300명이 넘는 사람들이 사망하거나 실종되었다. 탑승객 중 대부분이 제주도로 수학여행을 가던 단원고등학교의 학생들이었다. "가만히 있으라."는 선내 방송에 의심을 품은 몇은 '생존자'가 되었고, 그 명령에 순순히 따른 이들은 대부분 '희생자'라는 이름으로 하늘의 별이 되었다. 세월호 참사가 우리 사회에 던진 충격과 공포는 상상을 초월하는 것이었다. 피기도 전에 스러져 간 아이들을 지켜주지 못한 죄의식과 침몰해 가는 세월호를 무기력하게 바라보고만 있어야 했던 공포의 트라우마는 매년 4월 16일이 되면 더욱 또렷해지곤 한다. '밖으로 나오라'는 안내를 하는 승무원이

단 한 사람만이라도 있었다면 그토록 많은 희생자가 발생하지 않았을 텐데…. 이 가정은 되돌릴 수 없는 시간에 대한 안타까움임과 동시에 그들과 함께했으나 현재까지 살아 있는 사람들의 마음속에 영영 지워지지 않는 상흔처럼 남아 있다.

당시 민간 잠수사로 수습 및 수색에 참여한 김관홍 잠수사도 희생자들에 대한 아쉬움을 내내 품고 살았다. 아쉬움은 미안함으로, 미안함은 다시 죄책감과 트라우마로 남았다. 무리한 잠수 작업으로 잠수병을 앓고 있었고, 희생자들에 대한 기억과 사회적 냉대로 인해 정신적 고통이 심했다. 그러나 김관홍 잠수사는 '해야만 하고, 내가 할 수 있는 일'이라면 언제나 주저 없이 용기를 냈다. 희생자를 수습하는 일, 유족들과 연대하여 세월호 참사의 진실을 규명하는 일에 누구보다 적극적이었다. 동료 잠수사들의 명예를 회복하고 억울함을 알리기 위해 뛰어다녔다. 몸과 마음이 산업 잠수사로 다시 돌아갈 수 없을 정도로 훼손됐지만, 그가 안아 올렸던 희생자들과 아직 세월호에 남아 있을 11명의 미수습자를 생각하며 그의 마지막 시간을 쏟았다. 세월호에는 '단 한 사람'이 없었지만, 그는 어쩌면 행동하는 '단 한 사람'의 역할을 하고 싶었을지도 모른다.

산업 잠수사 김관홍, 팽목항으로 가다

김관홍 씨는 '민간 잠수사'로 불렸다. 본래 '민간 잠수사'라는 직업은 없지만 함께 수습 작업을 진행한 해경과 구분하기 위해 '민간'이라는 이름을 붙였다. 김관홍 씨는 수중 교각, 항만 시설 등 수중 건설 분야에 종사하던 산업 잠수사였다. 1973년 경기도 고양시에서 태어나 1994년 육군에서 전역하고 21년 동안 산업 잠수사로 일했다. 산업 잠수사들은 잠수 헬맷을 통해 물 위로부터 공기를 공급받는 이른바 표면공급식 잠수를 한다. 잠수사들은 이를 '후카 방식'이라 했다. 후카 잠수는 렁(Lung, 공기통)을 지고 들어가는 스쿠버 잠수와는 달리 바닷속에서 오랜 시간 더 버틸 수 있고, 바닷속으로 더 깊이 들어갈 수 있다. 잠수사가 공기통을 휴대하지 않아도 되기 때문에 좁은 곳을 통과하기도 쉽다. 잠수사는 바지선 위에서 줄을 잡고 내리거나 끌어올리는 텐더(tender)와 원활하게 신호 교환을 하며 안전을 유지할 수 있다. 무엇보다 잠수사 간의 신뢰와 협력 즉, 팀워크가 중요한 잠수 방식이었다.

사고 당일 오전 11시, '전원 구조'라는 속보가 떴다. 이는 얼마 지나지 않아 오보임이 밝혀졌으나, 이후에도 언론에서는 해경이 대대적인 구조 작업을 벌이고 있다는 거짓 보도를 쏟아냈다. 다음 날인 4월 17일에는 김석균 당시 해경청장이 TV에 나와 현재 잠수사 500여 명을 투입하여 구조 작업을 벌이고 있다고도 했다. 사태를 예의 주시하고 있던 김관홍 잠수사는 수중 수색이 가능한 잠수사가 몇 명 없을 것으로 예측했으나, 적어도 보도의 1/10인 50명 정도는 투입되었을 것으로 생각했다. 4월 21일, 다급하게 맹골수도로 와 달라는 동료 잠수사의 말은 언론 보도와 완전히 달랐다. 세월호 탑승자 476명 중 사고 당일인 4월 16일에 배에서 탈출한 172명이 생존자의 전부라고 했다. 아직도 300명이 넘는 사람들이 세월호에 갇혀 있으며, 선내 진입이 가능한 잠수사는 현재 자신을 포함해 8명뿐이라고 했다.

72시간, 생존 가능 시간이 지난 시점인 4월 18일까지 선내 진입조차 못 했다는 사실이 믿기지 않았다. 사고 후 닷새 동안이나 뉴스에서 '지상 최대의 구조 작전'이라고 떠들었으나, 그 실체는 어디에도 없었다. 김관홍 잠수사는 잠시 망설였다. 산업 잠수사의 일과 심해에서의 인명 구조 작업은 전혀 다를 것이기 때문이었다. 구조물을 보수하는 용접은 정해진 장소에서 잠영을 멈춘 채 처음부터 끝까지 진행하지만, 맹골수도의 실종자 수색과 수습은 잠수사가 좁은 선내를 계속 움직여야 한다. 게다가 맹골수도의 유속이 매우 빨라 어떤 상황이 펼쳐질지 알 수 없었다. 침몰선에서 시신을 수습해 본 적도 없었고, 선내에서 실종자의 주검을 마주했을 때 자신의 마음이 어떨지도 가늠되지 않았다. 아내와 두 딸, 아들에 대한 걱정도 컸다. 그러나 '해야 했고, 할 수 있는 일'이었다. 김관홍 잠수사는 짐을 챙겨 팽목항으로 향했다. 구조가 아닌 수습을 위해. 희생자와 남겨진 자들을 위해.

수색과 수습

김관홍 잠수사는 4월 22일 저녁 6시경 잠수 작업에 투입되었다. 해경 잠수사는 선체 밖에서 줄을 잡고, 선내 진입은 민간 잠수사가 전담했다. 민간 잠수사들은 바다에 들어갈 때마다 목숨을 걸어야 했다. 그러나 침몰한 배에 있는 실종자들을 최대한 많이 그리고 빨리 찾아내서 좀 더 온전한 상태로 가족과 만나게 해 주는 것이 급선무였다.

김관홍 잠수사는 풀페이스 마스크를 쓴 후 설치된 하잠줄을 타고 후카 방식으로 심해 48미터 선내로 진입했다. 탱크의 밸

브를 열면 공기가 호스를 통해 잠수사에게 유입된다. 어둠 속 바다에서 더 어두운 곳으로 내려갔다. 물살이 급한 맹골수도의 침몰선은 그냥 어둠이 아니라 미세한 뻘들로 가득 찬 혼탁한 어둠이었다. 시야가 20센티미터도 안 되는 곳을 손으로 더듬었다. 랜턴의 빛이 투과되지 않는 어둠 속에서 촉각과 후각으로 공간을 파악하고 희생자를 찾아내야 했다. 배가 좌현으로 90도가량 기우는 바람에 1.2미터 남짓한 복도 좌우 폭이 위아래 높이가 되어 복도는 누운 직사각형 모양으로 낮고 길쭉했다. 똑바로 서서 복도를 지나가는 것은 불가능했기 때문에 허리를 숙이거나 무릎을 굽힌 채 움직였다. 복도로 쏟아져 나온 부유물들은 잠수사의 생명줄을 위협하는 장애물이 되었다. 공기 호스가 장애물들에 엉키기라도 하면 목숨이 위태로워지는 상황이었다.

희생자를 수습하는 방법은 딱 하나였다. 주검을 마주 보고 겨드랑이에 두 팔을 낀 채 안아서 모시고 나오는 것이다. 이미 부패가 진행된 실종자들의 마지막 모습을 생생하게 만나게 된다. 물살이 급해져 희생자를 놓치기라도 하면 다시 찾기는 힘들다. 죽는 순간 친구들과 안고 있었던 아이들의 주검은 서로 엉켜 있어서 수습하기가 어려웠다. "엄마 아빠 기다리니까 제발 좀 같이 가자. 아저씨가 좋은 데 보내 줄게, 같이 가자." 희생자들을 한 구 한 구 달래 가면서 안아 올렸다. 죽음을 앞둔 아이들의 고통과 공포가 머릿속으로 만져지고 느껴졌다. 선내에서 실종자를 발견한 후 모시고 나오는 것도 힘겹지만, 품에 안은 사람의 꽃다운 시절을 상상하면 눈물이 났다. 고등학생일 경우는 더했다.

비바람 불고 파도치고 이러는데 작은 새들이 날아와요. 작은 새들이 그 추위에 강풍에 비바람에…. 작아요. 새가 아주 되게 예뻐요. 그 새소리도 예뻐요. 빗소리에 저들이 울부짖는 게 자기네들 두고 떠나지 말라고…. ⟨cpbc뉴스. 2020.4.16. 제공 영상 중 고 김관홍 잠수사의 음성⟩

김관홍 잠수사는 춥고 바람 부는 날 지저귀는 작은 새들을 보며 아직 뭍으로 나오지 못한 이들이 자신을 향해 춥고 어두운 곳에서 어서 꺼내 달라고 울부짖는 것만 같았다. 깊은 바닷속의 울림이 김관홍 잠수사의 기억에서 계속 커지고 있었다. 그래서였을까, 잠수병을 방지하기 위해서는 하루에 1회 15분 이내로만 잠수해야 하지만, 수심 40m 이상의 심해를 하루에서너 번씩 들어갔다. 잠수를 쉰 날이면 '그때 한 번 더 들어갔더라면, 한 명은 더 모시고 나오지 않았을까'라는 생각으로 잠이 오질 않았다. 그러다가 4월 30일과 5월 5일 두 차례 잠수 작업 도중 정신을 잃고 쓰러졌다. 4월 30일에는 다이버 타이밍을 훨씬 넘긴 상태에서 작업을 한 후 체임버(chamber, 고압산소치료를 위한 기압 조절식 방)에서 기절했다. 피로가 누적되어 산소에 예민하게 반응한 탓이다. 충분한 절대 안정이 필요하다는 의사의 만류에도 불구하고 김관홍 잠수사는 6시간 감압 치료 후 사흘 만에 다시 바지선으로 돌아왔다. 〈뉴스타파 목격자들: 세월호 민간잠수사, 끝나지 않은 이야기〉(2017.6.30.) 편에서 '며칠 더 쉬어야 하는 거 아니에요?'하고 묻는 인터뷰어에게 김관홍 잠수사는 이렇게 말한다. "빨리 끝내고 싶으니까. 사고자들이 (희생자들의 시신을) 어느 정도 유지한 상태에서 올리고 싶으니까. 가족들한테 많이 망가진 모습 보이지 않게끔. 좀 있으면 수온이 더 올라가서 (시신이) 많이 상합니다. 더 상할까 봐. 제일 가슴 아픈 거예요." 김관홍 잠수사가 몸의 이상 신호를 느끼면서도 충분한 휴식 시간을 가질 수 없었던 이유다. 봄에서 여름으로 가는 시기라 수온이 더 높아지고 있었다. 김관홍 잠수사는 아직 선내에 희생자가 남아 있다는 사실에 괴로워했고 주검이 더 훼손되기 전에 빨리 모셔야 한다는 생각에 조급했다. 자신의 몸을 돌볼 겨를이 없었다. 언론에 대응하기 위한 정부의 압박도 민간 잠수사들을 무리한 작업으로 내몰았다. 20~25명 남짓 되는 민간 잠수사들은 정부와 해경의 명령에 의해 쉬지 않고 작업을 이어 가야만 했다.

5월 5일에는 상태가 더 악화되었다. 가슴 통증과 함께 뒷목부터 양팔까지 저렸다. 담당의는 급성 목디스크라 했다. 그 상태로 잠수를 계속 이어 가면 디스크가 언제 파열될지 모르는 상황이라고 했다. 목디스크 보호대를 한 채 절대 안정을 취하라는 의사의 지시를 들었지만, 김관홍 잠수사는 밤마다 희생자들이 생각나 불면증에 시달렸다. 결국 5일 동안 입원하고 다시 수색 작업에 합류했다. 김관홍 잠수사는 수색 작업에 그 누구보다 열성을 보였고 최선을 다했다.

다른 잠수사들도 상황은 비슷했다. 김관홍 씨를 포함한 20여 명의 민간 잠수사들은 적은 인원으로 나머지 실종자들을 찾아내기 위해 무리하게 심해 잠수를 진행했다. 잠수사들 대부분은 몸에서 이상 신호를 느꼈다. 그렇게 민간 잠수사들은 2014년 5월 20일 수색 35일째 287구를 수습하고, 6월 22일에는 모두 292구의 희생자를 수습했다.

시련의 나날들

2014년 7월 10일 민간 잠수사들이 태풍을 피해 잠시 철수했다가 돌아온 날, 민간 잠수사들에게 철수하라는 해경의 통보 문자가 날아들었다. 미수습자 11명을 남긴 상황에서 잠수 방식을 바꿔 보겠다는 취지였다. 민간 잠수사들이 몸을 돌보지 않고 292구를 수습했음에도 지금까지의 잠수 방식에 문제를 제기하는 형식으로 민간 잠수사들을 쫓아낸 것이다. 이 건에 대해 당시 리더 역할을 한 공우영 씨는 이렇게 말했다. "하루아침에 뒤통수 맞은 기분이에요, 지금. 우리 방식을 잘못이라고 인정을 하고 그 사람들이 사람을 바꾼다는 거는…." 김관홍 잠수사도 배신감과 안타까움으로 다음과 같이 말하며 울먹였다. "잠깐만요, 이거 아니야. 토사구팽도 이런 토사구팽이 없고. 이건 아니에요. 빨리 끝내기를 바랐지만 이런 식은 아니야."(〈궁금한 이야기 Y〉 320회. 2016.7.1.). 이춘재 당시 해양경찰청 경비안전국장은 "잠수 시간 연장을 위해서 좀 잠수 방식을 바꿔 보자, 가장 큰 이유는 그겁니다."라고 했지만, 세월호 수색에 당시 수습 작업을 벌인 잠수사들보다 더 뛰어난 실력과 경험을 갖춘 사람은 없었다. 민간 잠수사들은 80여 일 동안 희

김관홍 잠수사는 세월호가 인양되면 본인이 어디에서 어떻게 희
생자를 수습했는지 김탁환 작가에게 더 자세하게 설명해 주겠다
고 했다. 그러나 그는 인양된 세월호의 모습을 보지 못하고 세상
을 떠났다.

생자를 수습하면서 세월호 선내 상황을 샅샅이 익히고 본 듯이 그릴 수 있는 사람들이었다. 당시 경비안전국장은 "여러분들은 여기 오셔 갖고 하실 만큼 하셨다는 거예요. 헌신적으로 몸 아플 때도, 부상 입어 가면서 치료받아 가면서… 저희들은 잊지 않을 겁니다, 그 부분에 대해서. 그런 프로그램(치료 보장 대책)을 보건복지부에서 준비를 하고 있으니까."와 같이 떠나는 민간 잠수사들에게 감사의 인사와 함께 치료와 보상을 약속했다. 그러나 치료는 한시적으로 이루어졌고, 보상은 계속 미루어졌다. 그러는 사이 당시 잠수 작업에 투입된 잠수사 20여 명은 잠수병과 트라우마로 목, 허리, 근육 통증, 마비 증상, 외상후스트레스장애, 우울증 등을 견디며 개인 비용을 들여 최소한의 치료만을 이어 가야 했다.

잠수병은 잠수사가 심해에서 갑자기 바다 표면으로 상승하게 될 때 잠수 도중 흡수된 질소 성분이 체외로 배출되지 못해서 생기는 병이다. 우리가 들이마시는 공기의 78%는 질소, 21%는 산소로 이루어져 있는데, 평상시에는 호흡을 통해 자연스럽게 질소가 배출되지만, 수압이 높아지는 물속에서는 폐를 통해 나가지 못하고 혈액 속에 질소 방울 형태로 떠다니다가 혈관이나 신체 내의 조직을 막아서 조직 괴사 등 여러 가지 질병이 나타나게 된다. 잠수사 20여 명 가운데 8명은 골괴사 판정을 받았고, 일주일에 세 차례 신장 투석을 받아야 하는 경우도 있었다. 세월호 민간 잠수사 가운데 18명이 크고 작은 부상에 시달렸다. 이 중 11명은 현업 복귀가 불가능할 정도였다. 김관홍 잠수사 역시 목과 허리의 디스크가 망가지고 어깨 회전근막이 파열되었다. 배뇨 장애와 우울증, 망상, 불면증을 앓고 있었다.

　김석균 해경청장이 잠수사들이 입원한 병원에 방문하여 "산재에 준하는 처리를 해 주겠다."고 약속하였으나, '사용자와 근로자 간 계약'이 아니라는 이유로 산재 처리는 이루어지지 않았다. 「4·16 세월호 참사 피해 구제 및 지원 등을 위한 특별법(세월호특별법)」에도 그 대상으로 규정된 '피해자'에 민간 잠수사들은 포함되지 않았다. 「의사상자법(의사상자 등 예우 및 지원에 관한 법률)」에서는 '직무 외의 행위로 위해에 처한 다른 사람을 구하다가 사망하거나 부상 입은 사람들'을 대상으로 보상금과 의료 급여를 지원한다. 하지만, 민간 잠수사들은 일당을 받았다는 이유로 의사상자도 되지 못했다. 옛 「수난구호법(현 수상구조법)」에서는 "수난 구호 업무에 종사한 사람이 사망하거나 신체에 장애를 입은 때에 보상금을 지급한다."고 규정했다. 따라서 사망하거나, (수술을 통해) 장애 판정이 나와야만 보상금을 지급받을 수 있다. 민간 잠수사들은 부상을 당했으나, 사망하거나 장애 판정을 받지 않아 보상금을 지급받을 수 없었다. 고액 연봉(고 김관홍 잠수사의 경우 약 1억 원)을 받던 산업 잠수사들은 국가의 재난에 누구보다 솔선수범해서 희생한 결과 육체적, 정신적, 경제적 어려움 속에서 고통을 받아야 하는 처지가 되었다.

오히려 정부는 자신들의 책임을 민간 잠수사에게 떠넘기기까지 했다. 세월호 수습에 참여한 동료 잠수사 고 이광욱 씨가 호흡 곤란 증세로 숨지자, 해경은 감독 업무를 게을리했다는 이유로 공우영 씨를 2014년 8월 26일 업무상과실치사 혐의로 검찰에 고발했다. 검찰은 공우영 씨에게 금고 1년을 구형했다. 그러나 당시 작업은 해경에 의해 소집되고 관리 감독되었다. 봉사를 목적으로 모인 민간 잠수사들은 해경과 계약을 맺지 않은 상태에서 작업을 시작했고, 수습 작업이 한창 진행되고 있을 무렵 깊이 생각할 겨를도 없이 서약서에 서명을 했을 뿐이다. 고명석 전 범정부대책본부 대변인도 이에 앞선 2014년 5월 7일에 "책임 부분에서는 해경이 전체적으로 총괄 책임을 쥐고 있었다."고 밝힌 바 있다. 동료 잠수사들 역시 "공 씨는 당시 나이가 많아 리더 역할을 했을 뿐, 민간 잠수사들을 감독할 위치에 있지 않았다."고 말했다. 재판이 진행되면서 확인한 서약서에는 '비밀 유지의 의무, 안전사고 책임의 의무, 업무 수행 능력 검증의 의무'가 명시되어 있었다. 안전사고에 대한 책임을 민간 잠수사들에게 지게 하고, 해경이 잠수사들에 대한 업무 수행 능력의 자의적 평가가 가능하도록 서류가 꾸며졌던 것이다.

인명 구조 경험이 없는 민간 잠수사들이 발 빠르게 수색 및 수습 작업을 할 수 있었던 데는 최고참 민간 잠수사 공우영 씨의 역할이 컸다. 공우영 잠수사는 당시 민간 잠수사들의 구심점이 되었고, 그들이 믿고 의지한 사람이었다. 천안함 인양에 참여할 정도로 실력이 좋았고, 세월호 참사 당시 가장 먼저 현장에 도착해서 수습 작업이 순조롭게 진행되도록 리더 역할을 했다. 후카 잠수는 바지선으로부터 공기를 받기 때문에, 잠수사가 서로를 신뢰하는 것이 무엇보다 중요하다. 공우영 잠수사는 각지에서 온 민간 잠수사들이 서로 믿고 원활한 수습 작업을 할 수 있도록 도운 사람이다. 잠수사들의 훌륭한 멘토였으며, 궂은일을 도맡아 하는 큰 형님이었다. 항상 먼저 고민하고 미리 챙겼으며 맨 나중까지 잠수사들을 돌보았다. 공 씨를 믿고 모인 잠수사들의 헌신을 '업무상과실치사'라는 죄목으로 되갚는 정부를 바라보는 민간 잠수사들의 참담함과 배신감은 어땠을지….

누구보다 적극적으로 수습 작업에 임한 김관홍 잠수사 역시 정부와 해경에 대해 배신감이 컸다. 2015년 5월 30일 광화문 세월호 광장에서 김관홍 잠수사는 이렇게 토로했다. "저희가 7월 10일날 쫓겨나고 이후에 저희가 해경에게 받은 게 있습니다. 감사장. 감사하대요, 열심히 해 줘서. 이 감사장을 주고 그들은 저희 선임을 형사 고발했어요. 이광욱 잠수사님 돌아가시고 해경이 저희를 고발했어요. 업무상 과실치사라고." 정의감이 남달랐고 동료애가 강했던 김관홍 잠수사는 동료들의 고통과 선임의 억울함이 자신의 어려움보다 더 크게 다가왔다. 대리 기사 일로 생계를 이어 가면서도 치료받는 후배들의 생활고를 걱정하며 자비로 그들을 도와 왔다.

그러나 김관홍 잠수사를 가장 괴롭힌 것은 사회의 뒤틀린 시선이었다. "육체적인 건 어떻게 다스려 가면 되는데 제일 힘든 게 정신적인 거, 심리적인 거. 속에 있는 걸 꺼내는 게 쉬운 게 아니거든요. 상처에 소금 뿌리는 느낌, 그런 느낌이에요." (〈궁금한 이야기 Y〉 320회. 2016.7.1.) 당시 총체적 고통을 받고 있던 잠수사들에 대해 돈벌이를 위해, 소위 시체팔이를 위해 팽목항으로 갔다는 이야기들이 떠돌았다. 한번 매스컴을 탄 오보는 아무리 정정 보도를 하더라도 오랫동안 사람들 사이에서 회자되었다. 지인들로부터 "시신 한 구당 오백만 원을 받지 않았느냐."는 소리를 들었다. 몸에 조금 이상이 생겨도 나라에서 치료해 줄 건데 무슨 치료비가 따로 필요하냐는 말을 하는 사람도 적지 않았다. '희생자들을 수습한 후에 바로 가족에게 돌려보내지 않고, 어딘가에 모아 두었다가 여론이 안 좋을 때 몇 구씩 꺼내 오곤 하'는 정치질을 한다는 헛소문도 돌았다. 김관홍 씨는 몸도 마음도 힘들었지만, 세월호 실종자들을 모셔나오던 그 일만큼은 가장 잘한 일이라고 믿었다. 그런데 그 모든 것을 통째로 부정당하고 있다는 사실이 그를 괴롭혔다. 그의 정신적 트라우마와 고통이 더욱 깊어지고 있었다.

'단 한 사람'으로

동료 잠수사들의 육체적, 정신적 고통이 깊어지고 공우영 잠수사가 범죄자로 몰리는 상황이 되자, 김관홍 잠수사의 우울증과 두통, 불면증이 더욱 심해졌다. 서약서에 발목이 잡혀

누가 선뜻 나서지도 못하는 상황이었다. "가만히 있으라!"는 명령은 참사 희생자뿐 아니라 민간 잠수사들에게도 울려 퍼졌다. 그러나 가만히 있을 수만은 없었다. 김관홍 잠수사는 세월호에 없었던 그 '단 한 사람'이 되고자 했다. 다치거나 죽은 이들에 대한 책임을 누가 어떻게 왜 져야 하는지 밝히기 위해 관련 법률을 비롯하여 많은 것을 공부했다. 공우영 잠수사의 무죄를 주장하는 탄원서를 작성하고, 세월호 참사의 진실 규명과 동료들의 명예 회복을 위해 기자들과 시민 단체를 만났다. 국회를 찾아가고 세월호 진상 규명을 위한 광화문 집회에 나가 진실의 목소리를 냈다. 결국 2015년 12월 7일, 광주지법 목포지원 한종환 판사는 업무상 과실치사죄로 기소된 공우영 씨에게 무죄를 선고했다. 「수난구호법」과 현장 정황상 공우영 씨는 동료 민간 잠수사에 대해 법률상·계약상·사실상 의무가 전무하다'는 요지였다. "이 고소는 '갖고 있지 않은 권한을 행사하지 않은 책임을 묻는 것'이나 다름없다". 1년 4개월 만의 판결이었다.

김관홍 잠수사는 민간 잠수사의 대변인이었다. 2015년 9월 15일 국회 안전행정위원회 국정감사와 2015년 12월 16일 '4·16 세월호참사특별조사위원회'의 1차 청문회에서 참고인

자격으로 증언했다. 여기에서 자발적으로 나선 잠수사들의 희생과 노력을 알렸고, 유가족 편에 서서 구조 및 수색 과정에 대한 정부의 무능을 드러냈다. 2016년 3월에는 팟캐스트 〈4·16의 목소리〉에 출현해 자신의 경험을 증언했는데, 이때 김탁환 작가와 친해지게 되었다. 김관홍 잠수사는 김탁환 작가와 세월호 사건에 대해 자세한 이야기를 나누게 되었고, 김 작가는 이때의 인터뷰를 토대로 세월호 잠수사들의 이야기를 소설화한 『거짓말이다』를 집필하게 된다.

김관홍 씨의 사회적 활동은 관심 있는 사람들의 이목을 집중시켰고 세월호 참사의 진실을 알리는 데 기여했다. 그러나 현실을 바꾸는 데는 한계가 있었다. "누군가는 국회에서 세월호 참사 문제를 계속 제기해야 한다."고 말해 온 그는 세월호 유족들의 변호인으로 활동한 박주민 의원의 20대 총선을 도왔다. 박주민 후보가 박래군 4·16 상임운영위원의 소개로 김관홍 잠수사를 소개받았을 당시에는 선거 캠프 구성이 이미 끝난 상태였다. 별다른 직책을 줄 수 없었던 박주민 의원은 김관홍 씨에게 운전기사 자리라도 할 수 있느냐고 물었고, 김관홍 씨는 이를 흔쾌히 수락했다. 은평구에서 중학교와 고등학교를 나온 그는 도움을 자청해 박주민 후보의 운전기사 겸 수행 비서를 맡았다. 세월호 유가족들도 선거운동에 적극적으로 참여했다. 이러한 노력 끝에 2016년 4·13 총선에서 박주민 의원은 아무런 연고도 없었던 은평구 갑에서 54.9%의 득표율로 40.9%인 새누리당 최홍재 후보를 14%p의 표차로 제치고 당선되었다.

김관홍 씨는 이후 세월호 희생자 유족들과 함께 박주민 의원실과 협력하여 민간 잠수사들을 피해자에 포함시키는 「세월호특별법」 개정안 논의에 참여했다. 당선 후 박주민 의원에게서 국회에서 함께 일하자는 제안을 받았으나, "의원실에 소속되어 그 입장에 구애받기보다는 밖에서 민간의 잠수사들과 세월호 참사 피해자들을 위해 일하겠다."고 하면서 박 의원의 권유를 고사했다. 당시 박주민 의원은 김관홍 잠수사가 "요즘은 잠이 잘 온다, (희생자들의) 꿈을 안 꾼다."고 말했다고 했다. 김관홍 잠수사를 지켜본 사람들도 이제 김관홍 씨가 사람들과 잘 어울리고 계속 '미래'를 이야기하며 힘이 넘쳤다고 했다.

그러나 세월호 수습에 함께 참여한 황병주 잠수사는 김관홍 씨의 건강이 더욱 악화되고 있다는 것을 알았다. "육체적으로 (힘들어해서) 맨날 한의원을 다녔고 발도 계속 절고 다녔고… 지팡이를 짚고 다녔어요"라고 증언했다. 당시 세월호 특조위가 조기 강제 해산당할 위기에 처했고, 배는 인양될 기미가 보이지 않았으며, 여전히 희생자와 잠수사들에 대한 나쁜 소문들이 떠돌고 있었다. "관홍이는 이게 활동을 하면 할수록 더 (몸이) 안 좋아지는 거예요. 맨날 술 취해서 '나 죽을 거 같은데 어떻게 하냐!'고 하소연도 하고 그런 게 있었죠. 근데 그걸 술 먹고 그런다고 되레 핀잔줬죠." 김관홍 잠수사는 자신에게 남은 시간이 얼마 남지 않았다는 것을 알고 있었던 듯하다. 그는 끝까지 '해야 하고, 할 수 있는 일'을 하며 스스로의 트라우마를 극복하고자 했던 것은 아닐까.

2016년 6월 17일, 세월호 참사 당시 실종자 수색에 참여한 민간 잠수사 김관홍(43) 씨가 오전 7시 52분께 경기 고양시 용두동의 한 비닐하우스 안에서 쓰러져 숨진 채 발견되었다는 소식이 전해졌다. 급성 심근경색으로 인한 사망이었다. 당시 11세(딸), 9세(딸), 7세(아들) 3남매가 빈소를 지켰다. 혼자 화장실도 못 가는 일곱 살 막내아들은 제 허리둘레만 한 삼베 완장을 차고 영구차를 따랐다. 희생자들을 안아 올리던 기억이 떠올라 제대로 안아 주지도 못한 아이들이었다. 억울함과 분노로 인해 혹시 자녀들에게 폭력을 쓰거나 해코지를 할까 봐 근처에 오지도 못하게 했다. 세 아이의 아빠였기에 희생자들을

한시도 잊지 못하고, 채 수습하지 못한 11명에게 내내 미안함
을 품고 살았는지도 모른다.

남겨진 자들

김관홍 잠수사가 떠난 후 공우영 잠수사의 무죄판결이 확정
되었고, 박근혜는 탄핵되었다. 김관홍 잠수사의 사망 당일 완
성되어 법제실에 넘어온 「4·16 세월호 참사 피해 구제 및 지원
등을 위한 특별법」 일부 개정안' 소위 「김관홍법」은 6월 20일
박주민 의원이 대표 발의하였고, 4년여가 지난 2020년 5월 20
일 국회 본회의를 통과하였다. 이로써 잠수사도 피해자에 포
함되어 치료 지원을 받게 되었다. 「사회적 참사의 진상 규명
및 안전사회 건설 등을 위한 특별법」, 일명 「사회적 참사법」은
2017년 11월 24일 본회의를 통과하여 12월 12일 공포되었다.
이에 따라 세월호 참사와 같은 사건에 대한 진상 규명과 재발
방지를 위한 특별조사위원회의 활동이 가능해졌다. 김탁환 작
가는 2016년 6월 소설 『거짓말이다』를 완성하고, 김관홍 잠수
사와 만나서 한 인터뷰, 자료 조사, 현지답사, 만남과 이별을
일기식으로 기록하여 『그래서 그는 바다로 갔다』를 추가로 출

2014년 4월 16일의 트라우마는 아직도 많은 사람들의 가슴속에 상흔으로 남아 기억되고 있다.

간했다.

김관홍 잠수사는 많은 사람들이 세월호의 진상 규명에 관심을 갖게 하였고, 정부의 무능력과 무책임함에 촛불을 들 수 있는 계기를 제공하였다. 또한, 여러 매체와 협업하여 진실의 기록을 남기는 데도 기여했다. 그 기록은 당시에도, 현재와 미래에도 희생자를 잊지 않고, 책임 있는 정부의 중요성을 거듭 기억하게 할 것이다. 동료 잠수사들의 명예를 회복하는 데도 크게 공헌했을 뿐 아니라 세월호 참사 희생자들의 유가족들에게도 따뜻한 위로가 되었다. 김관홍 잠수사는 사망 전날 김탁환 작가와 함께 희생자들이 잠들어 있는 하늘, 서호, 그리고 효원 추모 공원을 돌았다. 납골함 벽에 붙은 아이들의 사진들을 보며 긴 한숨을 내쉬던 그였다. 저녁에는 세월호 유가족과 함께 있다가 새벽에 비닐하우스로 돌아왔다.

희생자를 모시고 나오면서 그 아이는 어떤 아이였을까? 무엇을 좋아하고 무엇을 싫어하며, 말투는 어땠고, 친한 친구는 누구였을까? 어둠 속에 그런 질문을 하나씩 던지곤 멍하니 있었습니다. 돌아오는 대답은 단 하나도 없었습니다. 거듭 선내로 다시 돌아가려는 마음이 어디서 비롯되었느냐는 질문을 나중에

받은 적이 있습니다. 그 자리에선 제대로 답을 못했지만 이젠 압니다. 수면으로 올라오면서 던진 무수한 질문들이 저를 다시 선내로 이끈 겁니다. 사람은 죽어도 질문은 사라지지 않습니다. 질문이 사라지지 않는 한, 그 사람은 완전히 죽은 것이 아닐 겁니다. -김탁환, 『거짓말이다』, 2016, 도서출판 북스피어 45쪽.

고 김관홍 잠수사는 절박했다. 그 절박함은 잊혀지지 않는 기억, 결코 과거가 될 수 없는 현재적 트라우마였다. 희생자들을 기억하는 것은 그의 삶을 고통스럽게 했지만, 그들과 현생을 함께 살아가기 위한 유일한 방법이기도 했다. 우리의 기억 속에 김관홍 잠수사가 살아 있는 한 그 역시 항상 현재로서 다시 태어날 것이다.

02

길 위의 죽음과 애도

—10 · 29 이태원 참사의 희생자들

조태구

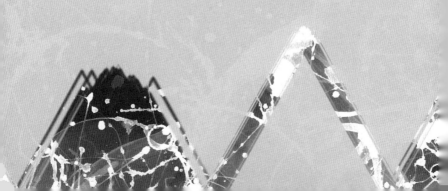

식사 나눔과 애도

유재석이 진행하는 유명 프로그램 〈유퀴즈 온 더 블록〉에도 소개된 바 있는 '청년밥상 문간'은 이문수 가브리엘 신부가 2017년 12월 처음 문을 연 식당이다. 식당의 메뉴는 단 하나, 김치찌개뿐이다. "힘들어하는 청년들과 세상 사이를 이어주는 따뜻한 공간이 되었으면 하는 마음으로 '문간'이라 이름을 붙였"다는 설립 취지문의 문구처럼, 이 식당은 주머니 사정이 넉넉지 않은 청년들을 위해 김치찌개 1인분을 3,000원에 판매하고 있다. 2017년 정릉에 첫 매장을 연 이후, '청년밥상 문간'은 2021년 사회적 협동조합으로 전환한 뒤, 현재까지 이화여자대학교점·낙성대점·제주점에 이어 2024년 3월에 문을 연대학로점까지 총 5개의 매장을 운영하고 있다. "매일 아침 '제게 도움이 필요한 청년들을 보내주세요.'라고 기도한다."는 설립자 이문수 가브리엘 신부는 한 인터뷰에서 "수도권에 150개의 문간을 만들겠다."는 원대한 포부를 밝힌 바 있다.(《서울&》, 2021.12.31.)

2024년 6월 28일, '청년밥상 문간' 이화여자대학교점에서 강선이 씨는 식당을 찾는 모든 이들에게 무료로 식사를 대접하는 식사 나눔을 진행했다. 강선이 씨가 식사 나눔을 진행한 것은 이번이 처음이 아니었다. 이미 2023년 같은 날, 즉 2023년 6월 28일에 강선이 씨는 '청년밥상 문간' 정릉 본점에서 식당을 찾은 159명의 손님에게 무료로 식사를 대접한 바 있다. 강선이 씨가 진행하는 식사 나눔은 단순히 식당을 찾은 손님들의 식사 비용을 대신 지불하는 것만을 의미하지 않는다. 강선이 씨는 그의 가족, 그리고 이제 고인이 된 그의 딸 고(故) 이상은 씨의 친구들과 함께 하루 종일 식당을 찾은 손님들의 주문을 받고 음식을 나르고 설거지를 한다. 매년 6월 28일, 그들은 '청년밥상 문간'에서 온종일 식사 나눔을 하고, 식사 나눔이라는 이러한 활동을 통해 그 이상의 무언가를 하고 있다.

6월 28일, 사실 그날은 10·29 이태원 참사로 목숨을 잃은 강선이 씨의 딸, 고(故) 이상은 씨의 생일 하루 전날이다. 강선이 씨는 딸이 스물일곱 번째 생일을 맞이하는 날, 즉 상은이가 다른 세상에서 맞이하는 첫 번째 생일을 상은이 또래 청년들과 함께 밥 한 끼 하면서 보내고 싶어서 '청년밥상 문간'에서 식사 나눔을 시작했다고 말한다.(《매일경제》, 2023.10.25.) 이제 2023년 식사 나눔의 대상이 된 159명의 손님이 의미하는 바는 명확하다. 159라는 숫자는 정확히 10·29 이태원 참사로 목숨을 잃은 희생자들의 숫자를 가리킨다. 강선이 씨와 그의 가족, 그리고 고(故) 이상은 씨의 친구들은 식사 나눔을 하면서 죽은 이상은 씨를, 나아가 이태원 거리에서 안타깝게 목숨을 잃은 모든 희생자들을 기억하고자 노력하고 있다. 그리고 기억이라는 것이 언제나 지금 여기 없는 것에 대한 기억인 한, 누군가를 기억하려는 이들의 행위는 동시에 바로 그 누군가의 부재를, 그 상실을 인정하려는 행위이기도 하다. 그들은 식사 나눔을 통해 희생자들을 기억으로 남기는 동시에 떠나보내려고 하고 있다. '애도'라는 행위가 단지 누군가의 죽음을 슬퍼하는 일을 의미하는 것만이 아니라, 남겨진 자들이 떠나간 이들의 부재를 인정하고 각자의 일상으로 되돌아가는 과정까지 포함하는 길고 긴 여정을 의미한다면, 이제 그들이 '청년밥상 문간'에서 진행하는 식사 나눔은 정확히 애도 행위라고 말할 수 있다.

강선이 씨가 식사 나눔을 진행한 청년밥상 문간
이화여자대학교점

실제로 2024년 6월 28일 강선이 씨가 진행한 식사 나눔은 2023년 진행한 식사 나눔과 달라졌다. 우선, 강선이 씨는 이상은 씨가 생전에 자주 봉사 활동을 했던 곳이라는 이유로 식사 나눔의 장소로 선택한 정릉 대신, 좀 더 많은 청년과 함께할 수 있다는 이유로 이화여자대학교 근처를 두 번째 식사 나눔의 장소로 선택했다. 또 식사 나눔의 대상도 2023년에 진행한 식사 나눔처럼 159명으로 한정하지 않고, 식당을 찾는 모든 사람들을 대상으로 삼았다. "지난해에는 상은이와 참사 희생자에 대한 마음이 컸다면, 이번에는 상은이 또래 청년들과 더 많이 같이하자는 취지로 인원 제한을 두지 않았다."는 것이 강선이 씨가 스스로 밝힌 이런 변화의 이유였다.(《경향신문》, 2024.6.16.) 강선이 씨의 애도는 계속되고 있지만, 애도의 대상으로부터 이제 조금은 그가 자유로워진 것처럼 보인다. 비록 그의 애도는 당분간 계속되겠지만, 애도가 계속될수록 그가 더 자유로워지기를, 그렇게 애도가 완성되어 가기를, 딸을 잃은 그의 슬픔이, 이태원 참사로 목숨을 잃은 모든 희생자들의 슬픔이 더 많은 사람들에게 나누어지고, 그렇게 그 슬픔의 무게가 조금은 가벼워지기를 희망해 본다.

10·29 이태원 참사와 4·16 세월호 참사

본래 핼러윈데이는 10월 31일이다. 그러나 한국에서는 31일이라는 날짜에 크게 구애받지 않고 10월의 마지막 주말에 축제가 열린다. 2022년 10월 29일 토요일, 코로나19 팬데믹으로 인한 '사회적 거리두기'가 완전히 해제되고 3년 만에 처음으로 맞이하는 핼러윈 축제를 즐기러 수많은 사람들이 축제의 중심지인 이태원으로 몰려들었다. 그리고 그날 저녁 오후 10시 15분경, 축제가 절정으로 향해 가고 있을 때, 옴짝달싹 못 할 만큼 사람들이 밀집되어 있던 해밀턴호텔 왼쪽 골목길 가장 좁은 지점에서 몇 사람이 동시에 넘어지자, 이는 곧바로 대규모 압사 사고로 이어졌다. 이 사고로 158명이 사망했고, 196명이 부상당했다. 그리고 2022년 12월 12일 사고 현장에서 친구 둘을 잃고 본인도 부상을 당한 한 고등학생이 극심한 정신적 고통에 시달린 끝에 극단적 선택을 함으로써 10·29 이태원 참사로 인한 공식 사망자 수는 159명이 되었다.

사고가 발생한 해밀턴호텔 옆 골목길은 이태원 세계음식문화거리와 이태원역을 연결하는 가장 가까운 거리로서 평소에도 많은 인파가 몰려드는 곳이다. 더구나 이 골목길은 평균 폭이 4미터 정도에 불과한 좁은 길이고, 이태원역에서 세계음식문화거리 방향으로 경사까지 있어 많은 사람들이 한꺼번에 몰릴 경우 매우 위험할 수 있는 장소였다. 당일 수많은 인파가 몰려들 것이 충분히 예상되는 상황임에도 불구하고, 해당 골목에는 안전 요원이나 경찰관이 배치되지 않았다. 행인들을 우회시키거나 도로를 일방통행으로 규정하는 등 인파를 통제하기 위한 조치도 취해지지 않았다. 행사를 위한 사전 준비에만 문제가 있었던 것도 아니었다. 참사 이후 언론을 통해 밝혀진 바에 따르면, 사고가 발생하기 이전에 사고의 위험을 알리는 신호는 진작부터 감지되고 있었다. 사건이 발생하기 4시간 전인 오후 6시 34분 압사의 위험을 알리는 112신고를 시작으로 사건이 발생하기 전까지 무려 11건의 관련 신고가 접수되었지만, 어떠한 이유에서인지 경찰은 적절한 조치를 취하지 않았다.(《연합뉴스》, 2022.11.1.)

서울 한복판에서 발생한 황당하기까지 한 이러한 사고 소식을 처음 접했을 때, 적지 않은 사람들은 곧바로 2014년 4월 16일 발생한 세월호 침몰 사고를 떠올렸다. 각각 육지와 바다에서 발생한 사고라는 공간상의 차이에도 불구하고, 순식간에 발생한 압사 사고와 다소 긴 시간 동안 진행된 침몰 사고라는 시간상의 차이에도 불구하고, 많은 사람들이 이태원 참사 소식으로부터 즉각 세월호를 떠올린 이유는 우선 대규모 인명 피해가 발생했다는 사실 자체의 유사성 때문일 것이다. 그러나 그것만이 전부일 수는 없다. 대규모 인명 피해를 가져온 모든 사건과 사고가 세월호를 상기시키는 것은 아니다. 이태원 참사를 세월호 참사와 연결하는 좀 더 근본적인 차원, 사실의 차원이 아닌 정서적 차원이 있다. 사람들은 침몰하는 세월호 소식에 안타까워하고 분노했던 것처럼, 이태원 거리 위에서 죽어 간 사람들의 소식에 안타까워했으며 분노했다. 그리고 이러한 안타까움과 분노는 그 바탕에 가로놓인 무력감으로부터 솟아올랐다.

네이버 사전은 무력감을 '스스로 힘이 없음을 알았을 때 드는 허탈하고 맥 빠진 듯한 느낌'으로 정의한다. 사람들에게 이태원 참사로부터 세월호 참사를 떠올리게 만드는 근본 감정은 이 무력감이다. 내가 이 사태 앞에서 어찌할 수 없으니 안타까운 것이고, 죽어 가는 생명을 위해 아무런 힘도 작동하지 않기에 분노하는 것이다. 침몰하는 세월호를 바라보며 아무것도 할 수 없었던 무력감이, 존재하는지조차 확인할 수 없었던 가장 강한 힘, 즉 국가의 부재에 대한 감각이 이태원 참사와 세월호 참사를 연결한다. 그리고 이제 세월호 참사와 이태원 참사를 연결하는 이러한 무력감, 힘의 부재에 대한 감각은 "대체 그동안 무엇을 했는가!"라는 분노로 인해 한층 더 증폭된다. 사실 세월호 참사 이후 수년 동안 다시는 이러한 재난을 되풀이하지 않기 위해 수많은 논의가 이루어졌고, 법이 제정되고 보완되었으며, 사회 각 분야에서 다양한 실천적 노력이 이루어졌다. 그러나 이 모든 것이 아무 소용이 없었다. 또다시 사람들은 무력감을 자각해야 했고, 국가의 부재를 마주해야 했다. 우리는 그동안 아무것도 하지 못했고, 국가는 언제나처럼 여전히 존재하지 않는다는 사실을 인정해야 했다. 무력감을 어찌할 수 없었다는 무력감에 사람들은 맥이 풀렸다. 무력감은 배가 되었다.

그런데 당연한 일이겠으나, 이태원 참사로부터 세월호 참사를 떠올린 것은 다만 일반 대중들만이 아니었다. 정치권과 정부 역시 이태원 참사와 세월호 참사를 즉각 연결했다. 먼저 민주당은 이태원 참사를 '제2의 세월호 참사'로 규정하고 진상규명과 책임자 처벌을 요구하며 정부를 공격했고, 세월호 참사 당시 여당이었던 국민의당은 정치적 위기를 맞았던 당시의 경험을 바탕으로 이러한 공격에 전략적으로 대응했다. 2022

년 11월 4일 발표된 국민의힘 권성동 의원의 논평은 사태를 책임져야 하는 여당의 입장에서 세월호 참사를 사태 수습에 적극 활용하는 전형을 보여준다. 먼저 권성동 의원은 "세월호 사고 이후 우리 사회는 많은 사회적 갈등과 비용을 지불했"음에도 불구하고, "해양 사고는 여전히 줄지 않고 있다"는 사실을 지적하며, 우리가 "재난을 겪고도 대안과 예방을 만들어 내는데 실패했"음을 솔직히 인정한다. 그리고 이렇게 실패한 이유가 "세월호를 정치투쟁의 상징으로 이용만 하고, 국민적 슬픔과 사회 안전망 강화로 승화시키지 못했"기 때문이라고 설명한다.(《더퍼블릭》, 2022.11.04.) 즉 이태원 참사와 관련하여 현재 민주당이 보이는 태도는 "세월호 때처럼 당파적 유불리로 비극을 재단"하려는 태도이며, "고인의 명복을 빈다면서 속으로는 정략적 이익을" 꾀하는 태도로서, 세월호 참사 때와 마찬가지로 사태 해결이나 재발 방지에 아무런 도움이 되지 않는다는 주장이다.

　권성동 의원의 이러한 주장은 상당히 교묘하다. 권성동 의원의 논평은 이태원 참사와 세월호 참사를 연결시키려는 민주당에 맞서기 위한 것임에 불구하고, 오히려 이 둘을 매우 긴밀하게 연결시키고 있다. 물론 권성동 의원은 글에서 이 두 참사를 연결하려는 민주당을 비판하고, 세월호 참사로부터 우리 사회가 아무것도 배운 바가 없다는 주장의 근거도 이태원 참사와는 무관하게, 세월호 참사 이후 전혀 줄어들지 않은 해양 사고 발생 횟수를 내세우고 있기는 하다. 하지만 권성동 의원에게 세월호 참사와 이태원 참사를 서로 구분하는 일은 크게 중요하지 않다. 이 두 참사를 연결한다고 하더라도, 즉 세월호 참사라는 엄청난 재난을 겪었음에도 사태를 예방하기 위한 아무런 대안도 마련하지 못해 이태원 참사가 또다시 발생하게 되었다는 점을 인정하더라도 권성동 의원의 민주당에 대한 공격은 여전히 유효하기 때문이다. 오히려 이 두 참사가 서로 긴밀하게 연결될 때, 권성동 의원의 민주당에 대한 공격은 완성된다. 세월호 참사라는 엄청난 재난을 정쟁의 대상으로 삼은 민주당 때문에 재난을 예방할 수 있는 적절한 대안을 마련하지 못했고, 그 결과 이태원 참사라는 또 다른 재난을 맞이하게 된 것이라는 주장이 성립하게 되는 것이다. 두 참사가 민주당을 중심으로 인과관계로 연결되고, 이제 그 책임을 져야 할 주체는, 정부나 여당이 아니라, 민주당으로 지목된다.

주장의 타당성과는 별개로, 권성동 의원의 이러한 주장은 사태를 책임져야 할 정부와 여당 입장에서는 매우 유용하고,

제기되는 비판에 대응하는 데 매우 효과적이다. 권성동 의원의 주장이 '비극을 정쟁의 도구로 사용해서는 안 된다'는 누구나 당위로서 받아들일 만한 명제를 함축하고 있기 때문만은 아니다. 이러한 명제가 아무리 당위로서 받아들일 만한 것이라고 할지라도, 그 전제로서 우선 진상 규명과 책임자 처벌에 대한 요구가 '정쟁을 위한 것'이라고 규정되지 않는다면 명제자체가 성립되지 않는다. 그런데 이 지점에서 권성동 의원은 매우 유리한 위치에 있다.

민주당이 세월호 참사나 이태원 참사와 관련해서 요구한 진상 규명과 책임자 처벌이 모두 정쟁을 위한 것이었다고 말하려는 것이 아니다. 사건의 성격이 문제이다. 사실 세월호 참사나 이태원 참사와 같은 대규모 인명 피해를 발생시키는 사고는 대부분 사회적 재난으로서, 사회구조적인 문제들을 주요원인으로 포함하기 마련이다. 그리고 이러한 사회구조적인 문제들은 오랜 시간에 걸쳐 형성되고 지속되어 온 것들로서 단기간에 드러내기 어렵고 해결하기도 어려우며, 무엇보다 몇몇 개인에게 책임을 묻기 어렵다. 따라서 이러한 문제들에 대한 강조는 사태를 책임져야 하는 주체들을 감추는 결과를 낳기도 하는데, 이는 사태에 대한 책임을 정부에게 묻고자 하는 민주당의 입장에서는 결코 바람직한 일일 수 없다. 민주당으로서는 적어도 우선적으로는 사회구조적인 문제들보다는 사건의 단기적인 원인들을 강조하기 마련이고, 특정할 수 있는 몇몇 개인의 책임을 언급할 수밖에 없다. 그러나 사회구조적인 문제들이 사회적 참사의 주요 원인임을 부정할 수 없는 상황에서, 이러한 방식의 문제 제기는 문제를 근본적으로 해결하려하기보다는 정치적 이익을 얻기 위한 행태라는 비판을 받을 수밖에 없다. 더구나 세월호 참사를 둘러싸고 발생한 여러 사회적 갈등으로 인해 피로감을 느끼는 국민들이 다수 존재하는 것이 현실이다. 민주당은 비판을 피할 수 없고, 또 사회적 참사라는 사태의 성격을 고려할 때, 이러한 비판이 온전히 잘못된 것이라도 말할 수 없다.

그런데 세월호 참사를 상기시키며 이태원 참사에 대한 정부의 책임을 묻고자 한 민주당이나, 이에 맞서 세월호 참사를 활용하여 정부를 방어하고자 한 국민의힘보다, 더 적극적이고 효과적(?)으로 세월호 참사의 경험을 활용한 것은 다름 아닌 윤석열 정부였다.

참사가 발생한 해밀톤호텔 옆 골목길
가장 좁은 폭은 불과 3.2m에 불과하다.

너무나도 너무나도 빠른 대응

세월호 참사 당시 박근혜 정부는 다양한 방식으로 정부의 무능과 무책임함을 드러내 보였지만, 그 가운데서도 가장 상징적인 사건은 7시간에 이르는 박근혜 대통령의 부재였다. 박근혜 대통령은 세월호가 침몰한 당일 오전 10시 15분 사고와 관련하여 첫 번째 지시를 내렸다고 알려진 이후, 오후 5시 15분 중대본에 모습을 드러내기까지 장장 7시간 동안 국민 앞에 나타나지 않았다. 그리고 7시간 만에 나타난 그녀는 "구명조끼를 학생들은 입었다고 하는데 그렇게 발견하기가 힘듭니까?"라는 그 유명한 말을 남겼다. 소위 '세월호 7시간'이라고 불리는 이 7시간 동안 박근혜 대통령이 무엇을 했는지는 지금까지도 불분명하다. 그러나 사고와 관련된 첫 번째 지시가 내려진 정확한 시간이 10시 15분이 아니라 10시 22분이라든지, 그 긴박한 순간에도 박근혜 대통령은 식사를 하고 머리 손질을 했다든지, 아무리 꿰맞춰 봐도 여전히 4시간의 공백이 남는다든지 하는 등의 추후 밝혀진 사실들은 사건의 실체를 드러내기 위해서는 필요할지 모르지만, 7시간의 공백이 그 자체로 가지는 상징성과 비교하면 그다지 중요하지 않다.'세월호 7시간'이든, '세월호 7시 30분'이든, 수많은 국민들이 죽어 가고 있던 바로 그 순간에 정부를 상징하는 대통령이 장시간 모습을 드러내지 않았다는 것은 분명한 사실이고, 그렇게 정부를 상징하는 대통령 자체가 부재했다는 사실은 정부의 부재를, 무능을, 무책임함을 직접적으로 지시한다. '세월호 7시간'은 물리적인 시간이 아니다. 이 시간은 공백의 시간이고, 무능과 무책임의 상징이며, 아무도 나를 지켜 주지 않는다는 불안의 시간이며, 정부에 대한 불신의 상징이다.

이러한 세월호 참사의 경험 때문인지, 이태원 참사에 대처하는 윤석열 정부의 대응은 박근혜 정부와는 비교할 수 없을 만큼 투명했고 신속했다. 윤석열 대통령은 10월 29일 11시 3분 국정상황실장으로부터 처음 이태원 사고와 관련된 보고를 받은 이후, 사고의 정확한 내용과 현장의 대응 상황 등을 점검한 뒤 곧바로 11시 21분 관계 부처를 향해 첫 긴급 지시를 내렸다.(《YTN》, 2022.12.14.) 이후 40분 만에 윤석열 대통령은 다시 "보건복지부는 응급 의료 체계를 신속하게 가동하고 인근 병원의 응급 병상을 확보하라."는 2차 긴급 지시를 내렸고, 곧바로 대통령실 위기관리센터로 이동하여 긴급 상황 점검 회의를 주재했다. 그 뒤로도 밤새 사고와 관련한 수차례 긴급 지시를 내린 윤석열 대통령은 서울정부청사 상황실로 장소를 이동하여 회의를 주재하면서 상황을 통제하려는 모습을 보였다. 그리고 마침내, 사고가 발생한 지 채 12시간도 지나기 전인 10월 30일 9시 45분, 윤석열 대통령은 대국민 담화를 통해 국가애도 기간을 선포하고 모든 정부 부처에 조기를 게양할 것을 지시한다. 이것이 언론에 공개된 윤석열 대통령의 이태원 참사와 관련된 일곱 번째 지시 사항이었으며, 숨 가쁘게 진행된 그때까지의 이 모든 과정은 대통령실을 통해 하나하나 모두 언론에 투명하게 공개되었다.(《중앙일보》, 2022.10.30.)

그런데 '세월호 7시간'과 같은 상황은 결코 만들지 않겠다는 의지가 돋보이는 이러한 윤석열 정부의 '광폭' 행보는 그 빠름으로 인해 오히려 의구심을 자아낸다. 밤새 숨 가쁘게 움직였던 윤석열 대통령의 행보에 어떤 문제가 있었다는 얘기가 아니다. 대통령의 지시와 행동에는 아무런 이상한 점도 비판할 지점도 없다. 문제는 그가 자신의 광폭 행보의 마지막 장면으로 선택한 대국민 담화, 그 내용이 문제적이다. 취임 이후 대통령의 첫 번째 대국민 담화이기도 한 이 담화에서 윤석열 대통령은 "사고 수습이 일단락될 때까지 국가애도기간으로 정하고 국정의 최우선 순위를 사고 수습과 후속 조치에 두겠다."고 말

했다. 갑작스럽게 국가애도기간을 선포하겠다는 결정 그 자체
도 이상하지만, 그 기간을 '사고 수습이 일단락될 때까지'라고
정한 것은 더욱 괴상하다.

우선 애도기간을 갖는다면, 그 기간은 '사고 수습이 일단락
될 때까지'가 아니라, 일단 사고 수습이 이루어진 이후가 되어
야 할 것이다. 실제로 한국에서 국가애도기간이 선포된 사례
로는 천안함 피격 사건이 유일한데, 이때 국가애도기간은 사
건이 발생한 2010년 3월 26일로부터 한 달이 지나 천안함의 인
양이 완료되고 희생자들의 합동 오일장이 치러지던 2010년 4
월 25일부터 29일까지였다. 그런데 이태원 참사의 경우, 국가
애도기간이 선포된 것은 사고가 발생한 지 채 12시간도 지나
지 않은 시점으로, 이때는 아직 사망자의 신원 확인도 완료되
지 않은 상황이었고,(국정조사 특별위원회, 596쪽) 무엇보다 사망
자의 시신이 여러 병원으로 흩어져 버린 탓에 아직 많은 유가
족들이 자신의 죽은 가족을 찾지도 못한 상태였다. 아직 누가
희생자인지, 또 그가 어디에 있는지조차 알 수 없는 상황에서
정부는 뭐가 그렇게 급했는지 국가애도기간부터 선포해 버린
것이다.

이러한 정부의 성급함으로부터 어떤 의구심이 발생하고, 이

러한 의구심은 '사고 수습이 일단락될 때까지'라는 대통령의 저 말을 다르게 읽게 만든다. 사실, '사고 수습이 일단락될 때까지 국가애도기간으로 정하고'라는 구절에서 '사고 수습이 일단락될 때까지'는 조건을 규정하는 역할이 아니라 다른 조건에 의해 규정받는 역할을 한다. 즉 대통령의 이 말이 의도하는 바는, 사고 수습이 일단락되기 전까지는 그 기간이 얼마가 되었든 그 기간을 국가애도기간으로 정하겠다는 것이 아니라, 오히려 반대로 국가애도기간이 끝나면, 바로 그 순간이 사고 수습이 일단락되는 순간이라는 것이다. 국가애도기간은 선포될 것이고, 선포된 그 국가애도기간이 끝나면 사태는 종결될 것이다. 적어도 일단락된 것으로 취급될 것이다. 윤석열 대통령이 사고 발생 직후 보인 광폭 행보가 무엇을 위한 것이었고, 어디로 향한 것이었는지 이러한 관점에서 보면 명확히 이해된다. 윤석열 정부가 원하는 것은 다른 무엇도 아닌 사태의 빠른 종결이었다. 국가애도기간을 선포함으로써 정부는 애도를 강요하며 사태를 종결시킬 수 있는 자리에 서둘러 자신을 위치시켰다.

이 모든 것이 단순한 억측이라면 좋겠으나, 이후 전개된 정부의 여전히 너무나도 빨랐던 일처리 방식은 이런 의심을 가

중시킨다. 대통령의 담화가 있은 뒤 몇 시간이 지나 한덕수 국무총리는 중앙재난안전대책본부 본부장으로서 대통령의 지시에 따라 2022년 10월 31일부터 11월 5일까지를 국가애도기간으로 선포했다. 한덕수 국무총리는 애도기간 동안 모든 공공 기관과 재외공관에 조기를 게양하고, 공무원 및 공공 기관 직원들에게 애도를 표하는 리본을 패용하도록 지시했으며, 시급하지 않은 모든 문화예술 행사를 연기하도록 만들었다. 그리고 서울 시내에 합동분향소를 설치하여 운영할 계획을 밝혔으며, 무엇보다 용산구를 특별재난지역으로 선포함으로써 사고 희생자의 유가족들과 사고 피해자들에게 장례비와 치료비 등 보상이 이루어질 것임을 알렸다. 정원옥의 말처럼 '참사 발생 12시간도 지나지 않아, 피해자들을 만나 보기도 전에 정부가 애도와 보상금을 한데 묶은 수습 방안을 발표한 것'인데, 이는 '전례 없는 일'일 뿐만 아니라, '유가족이 요구한 적도 없고 합의하지도 않은 보상금 지급 방안이 나온 것'으로서 '비상식적'인 일이었다.(정원옥, 2023, 46쪽)

윤석열 정부의 이러한 성급하고 일방적인 참사 대응은 국민들의 반감을 불러일으켰다. 사적으로 '즐기러' 참여한 축제에서 사고를 당한 사람들에게 왜 국가 차원의 애도를 진행해야 하는지, 왜 정부가 세금으로 그들에게 보상을 해야 하는지 이해할 수 없다는 반응이 곳곳에서 터져 나왔다. '국회 국민동의 청원' 게시판에도 이태원 참사에 대한 정부의 대응에 반대하는 글들이 여럿 올라왔다. 그 가운데 첫 번째 올라온 청원은 그 청원의 취지를 "이태원 사고는 그 유가족에게는 슬프고, 참사라고 할 수 있겠으나 이런 대규모 인원의 사상자 발생으로 기사화되고 이슈화될 때마다 전/현 정부의 독단적이고 합리적이지 않은 결정으로 국민의 세금을 사용하는 것은 부적절하다."고 밝히고 있다. 이 청원은 불과 7일 만에 5만 명의 동의를 얻어 냄으로써 이태원 참사에 대한 국가적 차원의 애도에 적지 않은 사람들이 반감을 갖고 있음을 증명했다. 다시 또 정원옥의 말을 인용하자면, "희생자를 조롱하고 유가족을 혐오하는 2차 가해를 유도할 의도가 아니었다면, 국가애도기간과 보상금 지급이라는 수습 방안을 마련하는 데 정부는 좀 더 신중하고 섬세할 수는 없었을까?" 아쉬워지는 지점이다.(정원옥, 2023, 48쪽)

그런데 정부의 의도는 정말 정원옥이 언급한 그러한 것은 아니었을까? 사실 윤석열 정부가 세월호 참사로부터 얻은 교훈은 '세월호 7시간'에 대한 것만은 아니었던 것으로 보인다.

희생자 가족들이 서로 연락할 수 없도록 조치하거나, 희생자의 이름도 얼굴도 공개하지 않고, 영정도 위패도 없는 분향소를 설치한 것들 모두 희생자 가족들 간의 연대를 막고, 일반 국민들로부터 그들을 고립시킴으로써 세월호 참사 당시 정부가 직면해야 했던 곤란함을 반복하지 않기 위한 조치로 해석될 수 있다. 그리고 무엇보다, 전 국민이 애도하는 대상이었던 세월호를 사회적 갈등의 대상으로 만들기 위해 노력한 세력들이 가장 주요하게 활용한 사안이 다름 아닌 세월호 희생자들에 대한 보상을 둘러싼 문제들이었음을 기억할 필요가 있다. 윤석열 정부는 세월호 참사 당시 사고와 관련된 보상 문제가 사회적 갈등을 불러일으킨다는 것을 똑똑히 보았음에도 불구하고, 혹은 똑똑히 보았기 때문에, 보상 문제를 이태원 참사에 대한 정부 대응의 가장 앞자리에 위치시켰다. 이태원 참사를 그 사태 수습의 시작에서부터 사회적 갈등의 대상으로 위치시켜 버린 것이다. 이태원 참사가 세월호 참사와 비교해서 국민 일반의 공감을 불러일으키지 못하고, 충분한 애도를 받지 못한 채 잊혀져 버린 데에는 참사 자체의 성격이 다르다는 이유도 있겠으나, 적지 않은 부분 정부의 이러한 전략적 움직임에 그 책임이 있다.

무한책임과 무책임

2024년 9월 30일 박희영 용산구청장은 이태원 참사에 대한 책임을 묻는 재판에서 무죄를 선고받았다. 재판부는 박희영 구청장 외에 용산구청 안전재난과장과 안전건설교통국장 등에 대해서도 무죄를 선고했는데, 이태원 참사와 관련하여 용산구청 측이 안전 관리에 대한 "구체적이고 직접적인 주의의무를 부담한다고 보기 어렵다."고 판단한 것이다.(《한겨레》, 2024.09.30.) 이미 2023년 7월 25일 이상민 행정안전부 장관의 탄핵안이 헌법재판소에서 전원 일치로 기각 판정을 받았기 때문에, 법원의 이러한 판단은 어느 정도 예상되는 상황이었다. 핼러윈 축제와 같이 주최자가 없는 축제의 경우, 용산경찰서나 용산소방서처럼 해당 지역의 안전을 직접 담당하고 있는 기관이 아니라면, 행정기관에게 사고에 대한 책임을 묻는 것은 '법적으로' 불가하다는 것이 법원의 일반적인 판단이다.

그런데 여기서 강조해야 하는 부분은 '법적으로'이다. 박희영 구청장에게 내려진 무죄판결과 이상민 장관에 대해 제기된 탄핵안의 부결이 이들에게 아무런 책임이 없다는 점을 말하는 것은 아닐 것이다. 무죄판결과 탄핵안 부결은 법에 의해서는, 그것도 현재 시행되고 있는 현행법에 의해서는, 책임을 물을 수 없다는 한정된 의미만을 가질 뿐이다. 이는 윤석열 정부도 인정하고 있는 바인 것처럼 보인다. 이태원 참사 발생 다음 날인 2022년 10월 30일, 윤석열 대통령은 중앙재난안전대책본부 관계자들로부터 보고를 받는 자리에서 '우리는 국민 안전에 무한책임을 지는 공직자'라는 말을 남긴 바 있다. 또 이상민 장관 스스로가 2022년 11월 1일 국회에서 열린 행정안전위원회 현안 보고에 참석하여 "국가는 국민의 안전에 대해 무한책임이 있음에도 이번 사고가 발생한 것에 대해 국민 안전을 책임지는 주무부처 장관으로서 국민 여러분께 심심한 사과의 말씀을 드린다."고 말한 바 있다.

무한책임, 한계 없는 책임을 말하며, 무한책임을 진다는 말은 관련된 모든 분야에서 모든 사안에 대해 책임진다는 것을 의미한다. 그러나 국가에 국민 안전에 대한 무한책임이 있음을 말한 이상민 장관은 국민 안전을 책임지는 주무 부처 장관으로서 이태원 참사에 대한 책임을 지고 물러나야 한다는 국민 여론이 56.8%에 이르는 상황에서도 끝까지 물러나지 않았다.(《동아일보》, 2022.11.04.) 또 자신들에게 '국민의 안전에 대해 무한책임이 있음'을 강조한 윤석열 대통령도 이상민 장관에 대한 문책 요구에 대해 '엄연히 책임이라고 하는 것은 (책임이) 있는 사람한테 딱딱 물어야 하는 것이지, 그냥 막연하게 다 책임져라, 그것은 현대사회에서 있을 수 없는 얘기'라고 말하며 거부했다.(《연합뉴스》, 2022.11.07.) 이 모순을 어떻게 해결해야 하는가? 이상민 장관은 2022년 11월 11일《중앙일보》와의 문자 인터뷰에서 "누군들 폼 나게 사표 던지고 이 상황에서 벗어나고 싶지 않겠나."라고 말한 뒤, "하지만 그건 국민에 대한 도리도, 고위 공직자의 책임 있는 자세도 아니다."라고 밝힌 바 있다.(《중앙일보》, 2022.11.12.) 이상민 장관의 이 발언에 문제의 해답이 있다.

이상민 장관에게 공직자가 취해야 할 '책임 있는 자세'란, 책임을 지고 직을 내려놓는 것이 아니라, 오히려 반대로 직을 내려놓지 않은 채 끝까지 책임을 다하는 것을 의미한다. 이태원 사고에 대해 책임을 지지 않는 것이 바로 책임을 지는 일이라는 말인데, 일견 모순되어 보이는 이 말은 책임이라는 말의 두 가지 의미를 고려할 때 이해된다. 네이버 국어사전에 따르면 책임이란 1) '맡아서 해야 할 임무나 의무'라는 뜻과 2) '어떤 일에 관련되어 그 결과에 대하여 지는 의무나 부담. 또는 그 결과로 받는 제재(制裁)'라는 뜻을 지니고 있다. 이상민 장관이 말하는 책임은 이 가운데 첫 번째 의미, 즉 '맡아서 해야 할 임무나 의무'만을 가리킨다. 따라서 그에게 행정안전부 장관이라는 직을 내려놓고 떠나는 일은 '폼 나는 일'이기는 하겠으나, 장관으로서 해야 할 임무나 의무를 더 이상 하지 않겠다는 것으로서 무책임한 처세일 뿐이다. 윤석열 대통령의 책임에 대한 이해도 이와 같은 것으로 보인다. 윤석열 대통령이 공직자의 무한책임을 말하면서도 동시에, "그냥 막연하게 다 책임져라." 하는 것은 '현대사회에서 있을 수 없는 얘기'라고 말할 수 있었던 이유는 그가 책임이라는 말의 서로 다른 의미를 번갈아 사용하기 때문이다. 공직자에게 있다는 무한책임은 '맡아서 해야 할 임무나 의무'를 가리키는 반면, '책임 있는 사람에게 딱딱 물어야 하는 책임'은 '결과에 대하여 지는 의무나 부담' 혹은 '제재'를 가리킨다. 정부, 무엇보다 대통령인 자신에게 있는 무한책임은 첫 번째 의미의 책임이다. 무한책임이 있는 대통령으로서 그는 결과에 대한 의무나 부담을 져야 할 누군가를, 혹은 제재를 받아야 할 누군가를 '딱딱' 맞게 골라내야 하는 무한한 임무와 의무를 지니지만, 결과에 대한 의무나 부담을 지거나, 혹은 제재를 받는다는 의미의 책임으로부터는 자유롭다.

그런데 서로 다른 의미를 지니는 두 가지 책임 가운데 오직 하나의 책임만을 정부에 주어진 책임이라고 말하는 것은 '현대사회에서 있을 수 없는 얘기'이다. 정부는 자신의 임무나 의무를 다해야 할 뿐만 아니라, 그로 인해 발생하는 결과에 대해 의무나 부담을 져야 하고, 때에 따라서는 제재도 받아야 한다. 그렇지 않다면, 이는 정부가 오직 통치만 할 뿐, 그 결과에 대해서는 아무것도 책임지지 않는다는 것을 의미한다. 이러한 정부는 무책임한 정부일 뿐만 아니라, 더 이상 민주주의 정부라고 불릴 수도 없다. 그리고 이러한 정부의 수반인 대통령은 더 이상 국민에게서 국가의 주권을 위임받은 대리자가 아니라, 오직 군림하는 자일 것이며, 윤석열 대통령이 대통령 후보자 토론회 당시 자신의 손바닥에 쓰고 나온 바로 그 글자, 임금 왕(王)일 뿐이다.

반복되는 핼러윈, 축제를 위하여

사고가 발생한 뒤 1년이 지난 2023년 10월 마지막 주말, 변함없이 핼러윈 축제는 돌아왔다. 이태원 골목 구석구석에는 경찰이 배치되었고, 여러 안전장치가 마련되었다. 사람들을 일방통행 길로 인도하기 위한 바리케이드가 도로 한가운데 세워졌고 도로변에는 구급차도 여러 대 대기하고 있었다. 그러나 이러한 안전조치들이 무색하게 이태원 거리에는 사람들이 많지 않았다. 평소 주말보다도 사람들이 적었다는 것이 당시 이태원을 찾은 사람들의 공통된 의견이다. 실제로 보도에 따르면 핼러윈 축제를 맞아 이태원 거리를 찾은 사람들의 규모는 2022년의 20% 정도에 불과했다.(《경향신문》, 2023.10.29.) 당연한 일이다. 이제 참사가 벌어진 지 겨우 1년이 되었을 뿐이다. 핼러윈 축제를 즐기고 싶은 사람들은 이태원 대신에 홍대나 강남으로 흩어졌다.

그러나 언제까지 그럴 수 없고, 그래서도 안 된다. 이해수에 따르면, 이태원은 '기지촌으로부터 시작된 혐오와 암흑의 게토이면서도 새롭게 부상한 문화 공간이 경합하며 긴장이 유지되고 있는 장소'이자, '문화 다양성이 허용된 작은 해방구로서 억눌린 리비도가 분출되는 공간임과 동시에 한국식 자본주의 발달의 뼈대가 되는 권위적 엄숙주의의 환상을 선명하게 하는 경계'이다. 그리고 이러한 이태원의 이중적인 장소성이 바로 이태원 참사와 관련된 혐오 담론들이 형성되도록 만든 토대였다.(이해수, 2023, 95쪽) 그런데 이러한 이태원의 이중적인 장소성은 애초에 이태원을 핼러윈 축제의 중심지로 만든 이유이기도 하다. 삶과 죽음, 진실과 거짓, 드러냄과 감춤, 종교와 세속, 온갖 종류의 이중성이 뒤섞이는 핼러윈 축제가 벌어지기 위한 장소로 이런 이중적인 장소성을 지닌 이태원보다 더 적합한 곳을 찾을 수는 없다.

이태원은 핼러윈 축제의 중심지로 복권되어야 한다. 그리고 이러한 복권이 이태원 참사의 희생자들에 대한 애도가 완성되는 가장 완벽한 방식일 것이다. 2022년 11월 16일《한겨레》는 이태원 참사 희생자들을 겨냥한 혐오 발언이 넘쳐 나던 시기에 '핼러윈을 즐기고 이태원을 즐겨 찾는 시민 14명'을 인터뷰하여 기사로 내보냈다. 기사의 제목처럼 "뭘 하다 죽으면 괜찮은 겁니까?"하고 되물으며 이태원 참사를 둘러싼 혐오에 맞서던 여러 인터뷰 대상들 가운데 이름을 밝히지 않은 우 아무개(25) 씨의 인터뷰가 인상적이다. 그는 "'놀다가 죽었다.'는 말에 반기를 들고 싶"었다."고 말하며, "언젠가는 마음을 추스르고 꼭 이태원에 가서 다시 놀겠"다."고 다짐했다.(《한겨레》, 2022.11.16.)

이제 곧 다가올 2024년 10월의 마지막 주말, 핼러윈 축제가 벌어질 때 그는 어디에 있을까? 아직은 이태원을 찾기에 너무 이른 것일까? 혹시 그는 이미 2023년에 이태원을 다시 찾아 축제를 즐겼던 것은 아닐까? 이미 그랬을지도 모르고, 언제가 될지도 모르지만, 그가 짙은 분장으로 자신을 감추고, 이태원 거리를, 해밀톤호텔 옆 그 좁고 경사진 골목길을 날 듯이 자유롭게 거슬러 올라가는 모습을 상상해 본다. 이태원 참사로 희생된 모든 이들의 명복을 빈다.

03

소리 없이 끔찍한, 느린 재난

—가습기 살균제가 죽인 사람들

최성민

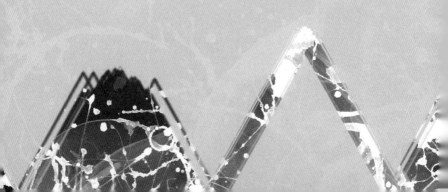

갑자기 찾아온 폐 질환

인천에 사는 최민술 씨는 4년의 연애 끝에 아내 문현웅 씨와 2006년 결혼을 했다. 2년 후 2008년 10월, 두 사람 사이에서 남자아이가 태어났다. 아내는 여느 산모들처럼 산후조리원에서 한 달 동안 몸조리를 한 후 집으로 왔다. 겨울로 접어드는 환절기여서 최 씨는 아내와 아기를 위해 가습기를 들여놓았다. 가습기를 거실에 두고 아내와 아기는 거실에서 생활했다. 최 씨는 안방에서 따로 잤다.

가습기를 사용한 지 한 달 뒤부터 아기가 잔기침을 했다. 백일이 지나면서 잔기침은 멈추지 않고 10분 이상 이어지기도 했다. 동네 의원에서는 감기약 처방만 해 주었다. 아이에게 호흡곤란 증상이 나타나자 동네 의원에서는 큰 병원에 가 보라고 했다. 집에서 가까운 인천적십자병원에서 검진을 마치자,

의사는 폐렴인 것 같다며 더 큰 병원을 가 보라고 했다.

다음 날 인천길병원으로 갔다. 의사는 입원 치료가 필요하다고 하더니, 입원 다음 날에는 폐가 굳어 가고 있다며 생존이 힘들 것 같다고 말했다. 다음 날 중환자실로 옮겼지만 그 다음 날 아기는 하늘나라로 갔다. 세상에 태어난 지 161일째 되는 2009년 4월 3일이었다.

삼일장으로 아들의 장례를 치른 다음 날, 아내가 쓰러졌다. 아이를 잃고서 심신이 약해졌기 때문이라 생각했다. 인천적십자병원에서는 아내에게 결핵과 폐렴이 같이 온 것 같다고 했다. 아이를 잃은 슬픔이 있는 병원을 피해, 조금 멀지만 인하대학교병원으로 아내를 데리고 갔다. 의료진은 원인 모를 폐 손상이 있다고 했다. 한 달 동안 아내도 병원 치료를 받았지만, 결국 5월 11일 아내마저 세상을 떠났다. 아이가 세상을 떠난 지 35일 뒤였다.

아기와 아내를 연이어 잃은 최민술 씨는 추억이 깃든 집에 잘 들어가지도 못하고 6개월을 이곳저곳으로 떠돌아다녔다. 그사이 세 번이나 자살을 시도했다. 아기와 아내가 사망한 2년 후에서야 자신과 가정을 파탄 낸 원인이 가습기 살균제였음을 알게 되었다.

이상은 임홍규 당시 환경보건시민센터 팀장이 취재한 내용을 2014년 1월 16일에 《프레시안》에 게재하고, 환경보건시민센터 홈페이지(http://eco-health.org) '가습기 살균제 참사 기록관' 자료실에 2015년 8월 25일에 기록한 내용을 요약한 것이다. 최민술 씨의 아들과 아내의 죽음은 질병관리본부로부터 가습기 살균제가 원인임이 거의 확실하다는 1단계 판정을 받았다.

1999년 11월 29일에 태어난 여자아이 정여원은 전남 영광에 사는 정일관 씨의 셋째였다. 여원이가 태어났을 때, 아내는 텔레비전에서 가습기 살균제 광고를 보았다. '인체에 무해'하다는 살균제는 편리하고 유용해 보였다. 마트에서 손쉽게 구입할 수 있었다. 옥시 제품이었다. 여원이가 잔기침을 가끔 했지만 아기들에 흔히 나타나는 가벼운 증상이라고 생각했다. 여원이가 백일이 되어 가는 어느 저녁 무렵, 여원이에게 호흡곤란 증상이 나타났다. 영광종합병원을 거쳐 전남대병원 응급실로 향했다. 이유를 알 수 없는 폐출혈 증상을 보이던 여원이는 입원한 지 4일 만에 세상을 떠났다. 병원은 별다른 병변이 없던 딸아이의 갑작스런 사망 원인을 알려 주지 못했다. 돌연사라고 말하며, 사망 확인서에는 급성폐렴이라는 사인을 기록했

가습기가 뿜어내는 증기

가습기가 뿜어내는 증기는 에어로졸 형태로 분무된 것으로 호흡기로 흡입된다. 가습기 살균제 성분은 이 과정에서 인체에 영향을 미치게 된 것이다. 이 그림은 인공지능 Dall-E가 그린 그림이다.

을 뿐이다. 2000년 3월 17일의 일이다. 여원이의 죽음은 2011년에 본격적으로 알려지기 시작한 가습기 살균제의 위험성이 훨씬 일찍부터 비극을 만들어 냈음을 알려 주는 중요한 사건이었지만, 2014년 질병관리본부의 조사 결과로는 연관성 4등급 판정을 받았다. 당시 조사는 '폐섬유화'라는 증상에만 초점을 맞추어 적용한 것으로 알려져 있다. 여원이의 사례는 2016년 8월 5일 《오마이뉴스》에 아버지 정일관 씨가 직접 기고한 글과 2022년 9월 '가습기 살균제 사건과 4·16 세월호 참사 특별조사위원회'가 펴낸 『가습기 살균제 참사 종합보고서(이하 종합보고서) Ⅰ권』(25쪽)에 실려 있다.

최초의 가습기 살균제 제품인 '가습기메이트'는 1994년 11월 ㈜유공이 출시했다. 그 이후 SK케미칼, 옥시레킷벤키저, 애경산업, LG생활건강 등 90개 기업이 가습기 살균제 원료와 제품의 제조와 생산, 유통에 참여했다. 생활화학 제품을 판매하던 유명 대기업들이 출시한 제품들이 잘 팔리자, 이마트나 롯데마트, 홈플러스 등 대형 마트들도 PB(자체 개발) 상품을 판매했다. 이 가습기 살균제 제품들에는 폴리헥사메틸렌구아니딘(PHMG), 클로로메틸이소티아졸리논/메틸이소티아졸리논(CMIT/MIT) 등을 비롯한 다양한 화학물질이 원료로 활용되었다. PHMG 계열로는 옥시레킷벤키저에서 판매한 '옥시싹싹 뉴 가습기당번' 제품이 가장 많이 판매되었고, CMIT/MIT 계열로는 유공과 SK케미칼에서 판매한 '가습기메이트'가 유명했다.

가습기를 사용하던 소비자들 가운데 일부가 2000년부터 기침, 구토, 두통과 같은 건강 이상 증세를 호소하였다. 정부와 기업을 상대로 제품의 원료에 대한 문의와 안전성에 대한 의혹을 제기하기도 했다. 2006년경부터 일선 의사와 수의사들은 원인이 불명확한 급성 폐질환이 집단적으로 발생한다는 점을 인지하였다. 하지만 명확한 역학조사로 이어지지는 못했다.

2011년 2월 서울아산병원 중환자실에 임산부 6명이 급성 호흡기 증상으로 연이어 입원하는 이례적 현상이 나타났다. 아산병원 의료진들은 처음에는 호흡부전의 원인을 바이러스나 세균 감염으로 보고, 항생제와 항바이러스제를 투약했다. 그러나 호흡부전의 원인은 알 수 없었고, 환자들의 상태는 점점 나빠졌다. 에크모(ECMO)라고 불리는 '체외막형 산화장치'를 동원한 첨단 치료기술까지 동원했지만, 큰 효과가 없었다. 의료진들은 2003년경 세계적으로 유행했던 사스(SARS)나 2009년경 유행했던 신종플루와 같은 신종감염병을 의심했다. 그러나 환자들에게서 공통적인 바이러스는 발견되지 않았다. 2011

년 4월 25일 서울아산병원 중환자실 최상호 감염관리실장은 질병관리본부에 역학조사를 요청했다. 질병관리본부와 서울아산병원 연구진은 모든 가능성을 열어두고 원인을 규명하기 위한 공동 역학조사를 실시했다. 의무 기록과 환자들의 주거 환경, 사용 물품 등을 종합적으로 검토했다. 환자들의 거주지는 제각각 달랐고, 서로 접촉할 기회도 별로 없었다. 모든 요인들을 하나씩 소거해나가면서 공통원인으로 지목된 것은 환자들이 평소 사용하던 '가습기 살균제'였다. 질병관리본부는 2011년 5월, 가습기 살균제를 '원인 미상 폐 질환'의 주요한 외부 요인으로 제시했다. 2011년 5월과 6월 사이 의문의 폐 질환으로 인한 임산부 사망자가 4명이나 나왔다. 2011년 8월 31일, 추가 독성 시험과 동물실험 끝에 가습기 살균제 제품의 위험성이 시민들에게 공개되었다. 가습기 살균제가 폐 손상 원인으로 추정된다는 발표였다. 제조 기업들은 이 발표에 대해 항의했다. 질병관리본부의 추가 시험을 거쳐, 2011년 11월 11일 PHMG, PGH 계열 성분을 사용한 6개 종류의 가습기 살균제에 대해 수거 명령이 내려졌다. (『종합보고서 Ⅰ권』, 11-12쪽 & 안종주, 2016, 50~62쪽 & 박진영, 2023, 51~57쪽.)

"내 손으로 죽였어요."

　가습기 살균제 피해자와 가족들의 첫 감정은 자책이었다. 침실과 거실에서 매일같이 사용하던 가습기 살균제가 자신과 가족들을 병들게 했다는 사실에 충격을 받았다. 아이의 기침이 심해질수록, 더 깨끗한 공기를 들이마시게 하기 위해 가습기 살균제를 넣고 가습기 분무 강도를 높였다는 피해자 가족도 있었고, 가습기 살균제를 구매하여 직접 자신의 손으로 그것을 주입한 스스로를 '가해자'라고 여기는 가족도 있었다.

　"제가 제 손으로 넣은 거에 대해서 가장 힘들게 생각을 하고 있고요. 저 나름대로 깨끗하고 건강하게 키우려고 했던 건데…."라거나 "제가 직접 독약을 열어서 아이들에게 마시게 한 거나 다름없잖아요."라면서 괴로워하는 피해자 가족의 증언들이 마음을 아프게 한다.(『종합보고서 I권』, 21-22쪽)

　본인이나 가족의 의지와 상관없이 가습기 살균제의 피해자가 된 사례도 있다. 2019년 가습기 살균제 피해를 조사한 '사회적 참사 특별조사위원회(약칭 사참위)'는 2010년 군 복무를 한 이 모 씨 사례를 공개했다. 이 모 씨는 2010년 1월부터 3월까지 국군양주병원에 입원했는데, 입원 사유와는 무관하게 퇴원

후 몇 달 뒤에 폐 섬유화 진단을 받게 되었다는 것이다. 국군 병원에 입원한 기간에 입원 병실에서 사용한 가습기와 가습기 살균제가 원인이 되었을 것으로 추정되었다. 사참위는 2000년부터 2011년 사이 국군양주병원을 비롯한 12개 군 관련 기관에서 800개가 넘는 가습기 살균제를 구매한 사실을 확인했다고 밝혔다.

2019년 11월에는 전 SK 계열사 직원 장 모 씨가 폐암으로 사망했다. 장 씨는 SK케미칼의 전신인 유공이 1994년 가습기 살균제를 처음 개발할 당시 계열사 부장으로 일했다. 유족들은 가습기 살균제가 정식으로 시판되기 전부터 회사에서 제품을 받아 와서 1993년부터 제품을 사용했다고 밝혔다. 장 씨는 2019년 8월 '가습기 살균제 참사 진상 규명 청문회'에 나와서 가습기 살균제를 시판한 1994년 이전부터 회사가 시제품을 사원들에게 나눠 주며 사용을 권했다고 증언했다. 장 씨는 폐암 환자도 가습기 살균제의 피해자로 인정해 주어야 한다며 피해 인정 신청을 했고 증언 활동을 하던 중에 사망에 이르렀다.

2017년 3월 '가습기 살균제 피해 구제를 위한 특별법'이 국회 본회의를 통과하였고, 11월 「사회적 참사의 진상 규명 및 안전 사회 건설 등을 위한 특별법(사회적참사특별법)」이 국회를 통과

했다. 그 이후 폐 섬유화를 비롯한 가습기 살균제 피해 확인과 구제, 보상이 일부 진행되었으나 폐암은 타 유발 요인이 많이 있을 수 있다며 피해 인정이 되지 않았다. 2022년 3월 고려대 안산병원과 국립환경과학원 가습기 살균제 보건센터, 고신대 등이 함께 참여한 연구 결과가 국제 학술지『바이오메드 센트럴 약리학과 독성학(BMC Pharmacology and Toxicology)』에 게재되었다. 가습기 살균제의 대표적 원료였던 PHMG-P에 장기간 노출될 경우, 발암 가능성이 높아진다는 결과였다. 2023년 9월 5일 제36차 가습기 살균제 피해구제위원회에서 폐암 사망자 1명에 대한 피해 인정이 의결되었고, 그 이후로 2024년 8월 말까지 약 1년 사이에 폐암 피해 신청 건수 200건 중, 43건이 심사 완료되어 26명이 피해자로 공식 인정받았다. 2024년 9월 20일에 열린 제42차 가습기 살균제 피해구제위원회에서도 4명의 폐암 피해자가 추가로 피해 인정이 되었다.

한국환경사업기술원의 가습기 살균제 피해 지원 종합포털(https://www.healthrelief.or.kr)에 따르면 2024년 8월 말 기준으로 공식 확인된 피해자는 모두 7,962명이다. 이 중 사망자는 1,869명이고 생존자는 6,093명이다. 2011년 11월부터 2013년 6월까지 1차 피해 조사 당시에는 361명만 피해자로 확인되었으나, 이후 피해자 확인은 점점 늘어나고 있다.

안전하다는 믿음

가습기 살균제 피해는 전 세계적으로도 유례를 찾아보기 힘든 '환경 재난'이다. 2024년 8월 말 기준으로 2천 명 가까운 사망자를 포함하여 8천 명 가까운 피해자를 낳은 대규모 사건이다. 환경성 질환은 상대적으로 위생 보건 상태가 좋지 않은 생활환경이나 탄광이나 공장과 같은 위험 요소가 많은 직장에서 일하는 노동자들에게 일어나는 경우가 많다. 그러나 가습기 살균제는 남녀노소와 직업을 가리지 않고 사용하던 생활용품이었다.

1994년부터 2011년까지 1천만 개가량의 가습기 살균제가 판매된 것으로 알려졌고, 6백만~7백만 명가량이 이를 사용했을 것으로 추정하고 있다. 현재까지 확인된 가습기 살균제 피해자는 3세 미만 아동과 60,70대 노인에 집중되어 있다. 2016년 9월 《경향신문》 기사에 따르면, 당시까지 파악된 사망자들 중 139명이 0~2세의 영유아였으며, 이 중 12개월 미만 영아가 55명인데 이들 대부분은 가습기 살균제의 위험성이 처음 알려

1994년 일간신문에 실린 유공의 '가습기메이트' 광고와
'뉴(NEW)가습기당번' 제품 겉면

좌측 상단의 광고는 "내 아기를 위하여!" 가습기 메이트를 사용
할 것을 권하고 있고, 좌측 하단의 광고는 "가습기 메이트가 없
으시다면 가습기를 끄십시오!"라며 가습기 메이트의 사용이 안
전과 건강을 위해 필수적인 것처럼 표현하고 있다. 우측의 "뉴
가습기당번" 제품 겉면에는 "인체에 안전한 성분을 사용하여 안
심하고 사용할 수 있습니다."라고 적혀 있다. 소비자들은 이같은
광고와 설명을 믿고 구매 사용하였을 것이다.

진 2011년 8월 이전에 사망했다.

가습기 살균제는 남녀노소를 막론하고 널리 사용되었겠지만, 특히 영유아와 임산부, 노인들에게 치명적이었다. 이들은 기본적인 면역력이 취약하기도 하지만, 집 안에 머무는 시간이 길기 때문에 가습기 살균제로 인해 만들어진 유해 물질에 노출된 시간이 길었을 것으로 추정된다.

소비자들은 가습기 살균제를 판매하는 회사가 홍보하던 '안전성', '인체 무해'라는 문구를 믿었을 것이다. 최초의 가습기 살균제 제품이었던 ㈜유공의 '가습기메이트'의 경우, "내 아기를 위하여! 가습기엔 꼭 가습기메이트를 넣자구요."라는 문구와 "가습기를 끄십시오! 가습기메이트가 없으시다면."이라는 문구를 광고 카피로 활용했다. '가습기 살균제를 쓰면 좋다' 정도가 아니라, 이 제품을 쓰지 않으면 건강에 오히려 해로울 것이라는 경고 의미로 이해되기에 충분한 표현이었다.

옥시레킷벤키저에서 판매한 '옥시싹싹 뉴가습기당번'이라는 제품은 제품 겉면에 '살균 99.9%, 아이에게도 안심', "인체에 안전한 성분을 사용하여 안심하고 사용할 수 있습니다."라고 써 놓았다.

광고에서만이 아니었다. 《매일경제》 1994년 11월 16일 자

중 11면 '산업뉴스'란에 실린 '가습기용 살균제(殺菌劑) 선봬'라는 제목의 기사를 살펴보자.

유공 바이오텍 사업팀이 18억 원을 투자, 1년여 만에 개발에 성공한 이 살균제는 가습기의 물에 첨가하면 각종 질병을 일으키는 세균을 완전 살균할 수 있는 특성을 지니고 있다. (중략) 「가습기메이트」란 제품명으로 판매될 이 살균제의 효력은 약 15일 이상 지속되며 독성 실험 결과 인체에 전혀 해가 없는 것으로 조사됐다. 이 살균제는 가습기 물에 정량을 타 주기만 하면 되는데 용량은 230ml로 가정에서 주로 쓰이는 2L짜리 가습기의 23회 사용 분량이다. 소비자 가격은 4천 원이다. (이ㅇ열 기자)

위 기사는 새로 개발되어 곧 출시될 가습기 살균제 제품이 각종 세균을 완전 살균하는 성능이 있으며, 인체에는 전혀 해가 없다고 강조하고 있다. 2020년 7월 '사참위'가 발표한 바에 따르면, 가습기 살균제에 노출된 사람은 627만 명에 이르고 건강 피해를 본 사람은 67만 명으로 추산하였다. 이에 비하면 현재까지 접수되어 확인된 피해자는 극히 일부에 불과하다. 기업과 언론, 정부를 믿고 자신과 가족의 건강을 위해 가습기 살균제를 사용한 수많은 사람들 중 상당수는 아직 자신이 이로 인한 피해자라는 사실조차 알지 못하고 있을 가능성이 크다.

소비자들은 기업을 믿었고, 언론 보도를 믿었다. 그리고 기업과 언론이, 적어도 국민의 건강과 생명에 관련해서는 거짓을 말하지 않도록 관리 감독해야 할 정부를 믿었다. 화학 성분으로 된 가습기 살균제가 제조, 출시, 판매되어 피해를 입은 이 사건은 오직 한국에서만 일어났다. 살균제의 위험성을 당연히 인지하고 규제해야 할 정부가 그 역할을 하지 않았기 때문이라는 지적이 나오는 이유다. 2016년 4월 환경경제신문《그린포스트코리아》에 실린 인터뷰 기사에 따르면, 서강대 화학과 이덕환 교수는 "다른 나라에서는 살균제가 인체에 위험하지 않다는 것을 다 안다. 그것을 세계 최초라고 자랑한 정부가 정신 나간 정부다."라고 일갈하며, "세척제로 허가해 줬는데 제조사가 세척 용도가 아닌 방법을 소비자들에게 권장하면 정부가 나서야 했다."고 정부의 대응에 문제가 있었음을 지적했다.

처음에 가습기 살균제가 인체에 안전하다고 주장했던 것은 살균과 항균 용도로, 쉽게 말해서 씻어 내거나 닦아 내는 용도로 사용했을 때의 안전성에 근거한 것이었다. 그러나 가습기를 통해 분출된 미세하게 쪼개진 화학물질 입자는 인체의 피부 겉에만 닿는 것이 아니라, 호흡기를 통해 인체로 직접 흡입되었다. 애초에 살균 용도로 개발된 화학물질들은 호흡기로 흡입될 것을 가정하고 만들어진 것이 아니었기 때문에, 흡입을 통해 인체 내부 호흡기로 들어갔을 때 일어날 수 있는 독성 피해에 대해서는 조사되거나 연구된 바가 거의 없었다.

2011년 PHMG 계열 제품의 호흡기 흡입 시 독성에 대해서는 비교적 빠르게 확인되었다. CMIT/MIT 계열 제품의 유해성 확인은 2019년에야 이루어졌다. PHMG는 양이온성을 띠는 분자량이 높은 고분자 물질이며, CMIT/MIT는 비이온성의 분자량이 낮은 단분자 형태의 물질이다. PHMG 계열 제품은 체내 흡입 후 60% 수준이 폐에 남아 있는 것으로 밝혀졌지만, CMIT/MIT는 체내에 흡입된 후 빠르게 분해되어 체외로 배출되는 특징이 있다. 이로 인해 CMIT/MIT 계열 제품의 유해성을 인과적으로 명확하게 입증하는 일은 간단하지가 않았다.(박진영, 2024, 64~65쪽)

2019년 정부 용역 연구에서 '쥐(mouse)'를 대상으로 한 실험을 통해 CMIT/MIT로 인한 폐 손상을 확인하였으나, 인체 영향에 대한 입증은 불확실했다. 2021년 환경부 국립환경과학원에서 펴낸 「가습기 살균제 노출과 질환 간 역학적 상관관계 검토보고서」에 따르면, PHMG, CMIT/MIT 성분을 포함한 가습기 살균제 성분들은 에어로졸 형태로 공기 중에 떠돌다가 호흡기를 통해 기관지나 폐포에 침착해 손상을 일으킬 수 있는 것으로 나타났다. 침착률 예측 모델에 따르면, 실험동물들에 비해 사람에게서 침착이 더 잘 일어나고, 성인에 비해 영유아에게서 침착률이 더 높은 것으로 나타났다.(『종합보고서 Ⅰ권』, 60쪽)

그러나 2021년 1월 12일 서울중앙지방법원 형사재판부는 CMIT/MIT 성분 가습기 살균제로 인한 폐 질환 유발 사실을 입증하기에는 증거가 부족하다고 판단하여, SK케미칼, 애경산업, 이마트 등의 피고에 대해 무죄를 선고했다. 2018년 1월 25일, 대법원이 옥시레킷벤키저의 신현우 전 대표에게 징역 6년을 확정하고, 옥시 제품을 본따 PB 제품을 만든 홈플러스와 롯데마트 관계자들에게도 유죄를 판결한 것과는 상반된 판결이었다.(《경향신문》, 2018;《뉴시스》, 2021)

이 판결 결과에 대해 환경보건학회는 인체에 직접 피해를 입은 피해자가 존재하는데도 동물실험을 통해 피해의 근거를 찾는 재판부의 판결에 의문을 표하면서 "과학의 영역과 법적 판단의 영역은 구분되었어야 하며, 과학 연구의 한계가 아니

라 기업의 위법 행위가 판결의 대상이 되어야 했다."는 의견을
성명서로 발표하였다.

2024년 1월 11일 서울고등법원 형사재판부는 1심 무죄판
결을 뒤집고 항소심 유죄판결을 내렸다. 1심 무죄판결로부터
는 3년이 지난 뒤의 판결이었고, 가습기 살균제 피해가 알려
진 2011년으로부터는 13년이 흐른 뒤였다. 서울고법 재판부는
SK케미칼, 애경산업, 이마트 관계자들에게 금고형 2~4년 등
의 유죄판결을 내렸지만 법정 구속은 하지 않았다. 재판부는
'CMIT/MIT 성분과 폐 질환의 인과관계를 인정하였고, 안전성
검사도 제대로 이루어지지 않은 상태에서 불특정 다수를 대상
으로 판매 유통함으로써 사실상 전 국민을 대상으로 흡입독
성시험을 행한 사건'이라고 규정하였다.(《경향신문》, 2024) 하
지만 피고들은 항소심 판결을 존중한다는 입장을 밝히면서도,
대부분 대법원에 상고장을 제출한 것으로 알려졌다. 결국 대
법원 최종 판결까지 진행될 것으로 전망된다.

2024년 2월 6일, 서울고등법원은 가습기 살균제와 같은 화
학물질의 안정성 심사와 관리 감독 과정에서 국가와 관련 기
관의 책임을 인정하는 판결을 내렸다. '국민의 건강하고 쾌적
한 환경에서 생활할 권리'를 보장할 책임과 의무가 국가에 있

음을 확인시켜 준 판결이었다.

느린 재난과 국가의 역할

가습기 살균제의 유해성이나 피해 사실이 어느 정도 밝혀진 뒤에도, 제품을 제조하고 판매한 업체 측은 유해성을 알지 못했다고 주장했다. 출시 전에 실험도 하고 안전성 심사도 시행했지만 무해한 것으로 확인했다고 주장했다.

PHMG는 PHMG-P(인산염)와 PHMG-H(염산염)로 나뉘는데, PHMG-H는 ㈜유공이 1996년 최초로 개발하고 1997년 유해성 심사를 통과하였다. 최초 신고 용도는 '항균 카페트' 등의 첨가제 용도였다. 2000년 ㈜유공의 바이오 사업이 SK케미칼로 이관된 후에 이 물질은 옥시싹싹 가습기당번과 뉴가습기당번 등의 제품 원료로 사용되었다. 당시 SK케미칼이 제출한 자료에 따르면, 이 물질은 가습기 살균제 외에도 물티슈 방부제, 세제, 에어컨세정제 등에 사용되었는데 피부 자극 독성은 없지만, 눈의 점막에 자극이 있다고 신고되어 있다. 2011년 가습기 살균제 유해성이 제기된 이후, 이 물질은 흡입할 경우의 유해성이 확인되어 2012년 유독물로 지정되었다. 11년간 약 455만 개의

PHMG 계열 가습기 살균제 제품이 판매된 것으로 알려졌다.

CMIT/MIT는 이소치아졸리논계 화학물로 CMIT와 MIT가 3대 1로 혼합된 물질이다. 낮은 농도로도 뛰어난 살균 효과를 보여서 다양한 용도로 활용된다. 항균과 살균 용도로 널리 쓰였지만, ㈜유공 개발팀은 이 물질을 이용해서 가습기 살균제를 제조, 판매했다. 1994년부터 2011년까지 다양한 기업에서 유사한 제품을 만들어 판매했다. 약 195만 개의 제품이 판매된 것으로 알려져 있다.

가습기 살균제 원료들은 세정, 살균, 항균 용도로 개발되었으나 호흡기 흡입 시의 안전성에 대한 명확한 검토나 연구 없이 개발, 판매, 사용된 것이 문제였다. 기업들은 흡입 시 유해성에 대해 따로 명확하게 조사, 실험하지 않았지만 심각한 유독성은 미처 알지 못했다고 주장했다. 그러나 2016년 《YTN》을 비롯한 언론 보도에 따르면, 옥시 측에 PHMG 원료를 판매한 SK케미칼은 2003년 호주에 원료를 수출할 당시, 호흡기로 흡입할 경우에 위험성이 있다는 보고서를 현지에 제출했다고 한다. 국내 제조사에도 흡입 시 유해성에 대한 경고 자료를 제공했다고 한다. 가습기 살균제 용도로 활용할 경우의 유해성에 대해 미리 알고 있었을 가능성을 말하는 것이다. 2019년 사참위의 청문회에서는 옥시 한국 지사의 외국인 대표들과 영국 본사에서도 유해성을 인지하고 있었다는 주장이 나오기도 했다.

인공적인 화학합성물이 예기치 않은 환경적 피해를 일으킬 수 있다는 사실은 이미 여러 차례 경험한 바가 있다. 19세기 말 벨기에의 과학자 프레데릭 스와르츠(Frédéric Swarts)가 최초로 만든 '프레온가스' 화학합성물은 과거 가정용 냉장고에 사용되던 '암모니아'를 대체하는 냉매로 1930년대부터 널리 사용되었다. 색과 냄새가 없고, 인체에 무해하며 폭발성도 없고 불에 잘 타지도 않는 성질 때문에, 냉장고와 에어컨 냉매로 널리 활용되었다.

그러나 프레온은 그 안정적 성질 때문에 공기 중에 나온 후에 분해가 되지 않는다. 기류에 의해 높이 올라간 프레온은 성층권에 있는 오존(O_3)과 만나 반응하여 오존을 산소로 되돌려 놓는다. 프레온은 성층권의 오존층을 파괴하는데, 태양 자외선을 조절하는 역할을 하는 오존층의 파괴가 강력한 온실효과를 초래한다는 사실이 밝혀진 것은 프레온가스를 사용하기 시작한 한참 뒤의 일이었다. 결국 1980년대 후반 빈조약과 몬트리올 의정서를 통해 프레온의 제조와 수입이 금지되었지만, 일부 국가에서는 여전히 프레온이 사용되고 있는 것으로 알려져 있다.

과학사학자 스콧 놀스(Scott Knowles)는 태풍·지진·홍수와 같은 즉각적이고 급격한 피해를 초래하는 일반적 재난과 달리, '느린 재난(Slow Disaster)'이란 개념을 제안하였다. 전통적인 재난은 한정적인 시공간에서 압도적이고 급격하게 일어나지만, 기후 위기나 환경오염, 팬데믹과 같은 '느린 재난'은 기존의 전통적 재난 개념으로는 설명하기 힘든 특성을 보인다고 보았다. '느린 재난'은 광범위한 지역과 생명을 대상으로 상당히 느리게 진행되기 때문에, 피해의 규모와 범위를 구체적으로 단정하기도 어렵고 재난의 끝을 예측하기도 어렵다.

가습기 살균제로 인한 피해는 4·16 세월호 사건과 더불어 '사회적 참사'로 간주되어, 국가 차원에서 장기간 피해 조사와 원인 규명이 추진되어 왔다. 가습기 살균제 피해자들은 짧게는 몇 달, 길게는 십수 년 뒤에 피해 사실을 깨달았다. 아직도 자각하지 못한 피해자들이 있을 수 있다. 가습기 살균제의 재난은 앞으로도 한동안 비극을 연장하여 지속될지도 모른다. 사참위는 2021년 「끝에서 시작하다」라는 제목의 기록보고서를 내놓았다. 이 책은 가습기살균제로 인한 또다른 피해자인 반려동물들의 피해 사례를 기록한 것이다. 이 보고서에 따르면, 약 87만 마리의 반려동물이 가습기살균제 피해에 노출된 것으로 추정되었다.

2024년 4월 행정안전부는 「재난안전법 시행령」 개정안을 입법 예고하면서, 이태원 참사나 가습기 살균제 참사, 노동조합의 파업으로 인한 국가 핵심 기반 마비 등을 '사회적 재난'으로 규정할 수 있는 근거를 마련하였다. 합법적인 노동쟁의 활동을 '재난'으로 간주하려는 것에 우려와 비판도 제기되었지만, 국가적 차원에서 대응해야 할 '재난'의 범위를 확장하려는 방향성에 대해서는 긍정적 의견도 나왔다. 특히 '가습기 살균제'와 같은 생활화학 제품으로 인한 대규모 피해가 재발될 가능성도 있기 때문에 이에 대한 대응도 미리 준비될 필요가 있다.

가습기 살균제 사건에 대해서는 피해 확인과 구제와 보상이 과학적인 인과성 논쟁과 법적 책임 여부와 연계되어 10년이 넘는 세월 동안 논란이 빚어졌다. 의료인문학적 차원에서 볼 때, 질병을 치료하는 것 이상으로, 질병에 걸리지 않도록 생활환경을 확보하는 것이 그 무엇보다 중요하다. 그러기 위해서는 건강을 해칠 수 있는 유해 물질에 대해서는 국가적 관리 감독의 책임도 중요하며, 기업과 언론의 윤리적 책임 역시 매우 중요하다. 가습기 살균제 참사로 인해 이미 너무 많은 피해자가 나왔지만, 이제라도 이 사건을 통해 우리는 국가와 기업, 언론의 환경 윤리적 책임에 대한 교훈을 얻어야만 한다.

특히 가습기 살균제 사건은 가장 엄격하고 객관적이어야 할 과학과 법률이 기업의 손익이나 법적 책임 앞에 흔들리거나 왜곡되는 현실을 직시하게 만들었다. 표절이나 결과 조작과 같은 학술 연구 부정행위뿐만이 아니라, 이해관계에 따라 실험 결과를 왜곡하거나 제대로 된 검증을 시행하지 않는 부정행위의 사례가 거듭되었다. 가습기 살균제의 안전성은 흡입 용도와는 무관한 방식으로 입증되었다고 주장되기도 했고, 동물실험 결과나 검증 결과가 각자에게 유리한 방식으로만 인용되거나 선택적으로 활용되기도 했다. 법적 다툼의 과정에서는 연구 결과를 미리 통제하여 설계하는 '청부' 연구 용역이 수행되는 일도 벌어졌다.

국가는 무엇을 위해 존재하여야 하며, 국민의 건강과 안녕을 위해 무엇을 해야 하는가? 기업과 언론에 윤리와 책임이 왜 요구되어야 하는가? 무엇을 위해 학문을 하고 연구를 해야 하는가? 지금도 고통받고 있는 수천 명, 어쩌면 수만 명의 가습기 살균제 피해자들 앞에서 다짐하며 답해야 할 질문들이다.

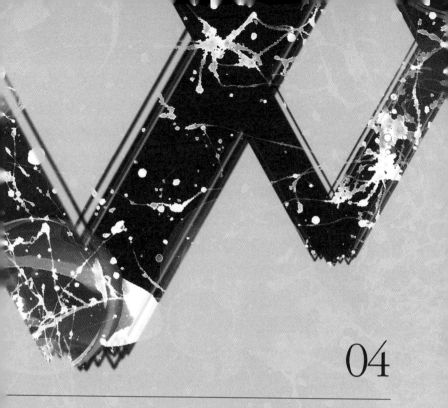

04

과학이 인정한 죽음
-코로나19 예방접종 후 사망한 두 사람

김현수

코로나19 팬데믹, 사회 재난

2020년 3월 12일, 세계보건기구(WHO)가 코로나19 팬데믹을 선언한 이후 급격히 달라진 일상의 무게는 매우 무거웠다. 또한 2020년 1월 이후 선제적으로 이루어진 정부 기관과 각 지자체 등의 코로나19 대응 기간은 2023년 5월 6일 코로나19에 대한 세계보건기구의 국제적 공중보건 비상사태 해제 발표 그리고 2023년 8월 31일 4급 감염병으로의 조정을 거쳐 2024년 4월 19일 오전 코로나19 위기 단계가 '경계(3단계)'에서 '관심(1단계)'으로 하향된 시점까지 4년 3개월에 달할 정도로 매우 길었다. 이런 점에서 코로나19의 세계적 대유행은 '재난'이었다.

2004년 3월 11일 제정되고 같은 해 6월 1일 시행된 이후로 60차례 넘게 개정된 법률 제20376호, 2024년 3월 19일 일부 개정된 「재난 및 안전관리 기본법(약칭: 재난안전법)」에서는 「감염병의 예방 및 관리에 관한 법률(약칭: 감염병예방법)」에 따른 감염병으로 인한 피해를 '사회 재난'에 속하는 것으로 규정하고 있다. 동법 제3조(정의)에 따르면, '재난'이란 국민의 생명·신체·재산과 국가에 피해를 주거나 줄 수 있는 것으로 코로나19로 인한 피해의 규모는 막대하였다. 질병관리청에 따르면, 2020년부터 2023년까지 근 4년간 약 5조 원가량의 PCR 검사비를 지원했으며, 총 2천 2백만 명의 입원 치료 환자에게 1조 1천억 원의 치료비를 지원했다. 또한 코로나19 확산을 방지하고 국민들의 격리 참여에 따른 비용을 보전하기 위하여 방역 당국은 격리지원금으로서 약 1천 2백만 건을 대상으로 총 3조 6천억 원을 생활지원비로 지급했으며, 약 140만 건을 대상으로 총 6천억 원 정도 유급 휴가비를 지원했다. 이러한 지원 금액의 규모는 코로나19가 국가 재정에 끼친 피해의 일면을 보여준다.

2020년 초, 코로나19 확진자 증가 소식에 이어 전해지던 사망자 증가 소식이 불러일으킨 두려움을 우리들은 기억하고 있다. 특히 코로나19 감염으로 인한 사망자 폭증으로 병원 내 영안실이 부족하여 냉장 보관소에 임시 보관하거나 심지어 외부 냉동 트럭에 6개월 이상 보관하고 있다는 해외의 소식은 두려움을 넘어 공포를 조성했다. 물론, 공포의 직접적 원인은 사후 안식을 얻지 못하고 있는 시신들의 참상에 연유한 것이겠으나, 근본적으로는 코로나19 감염이 초래할 수 있는 생명의 피해에 누구든지 노출될 수 있다는 사태에 직면했기 때문이었을 것이다.

감염병포털(ncv.kdca.go.kr)에 따르면, 2020년 1월 5일부터 2024년 5월 19일까지 전 세계에서 코로나19로 인한 총 확진자 수는 775,522,404명, 사망자 수는 7,049,617명이며, 국내의 경우에는 2020년 1월 20일부터 4급 감염병으로의 조정일 직전인 2023년 8월 30일까지 총 확진자 수는 34,572,554명, 사망자 수는 35,605명으로 보고되었다. 이처럼 생명의 피해 규모가 막대한 점을 고려할 때, 코로나19 팬데믹은 한국의 사회 재난이었으며, 지구적 규모의 사회 재난이었다고 감히 단언할 수 있다.

락다운(lockdown, 이동제한령)이나 강력한 사회적 거리두기와 같은 정책에도 쉽사리 꺾이지 않던 코로나19의 확산은 연구 착수 후, 1년도 되지 않아 개발에 성공한 백신이 등장하면서 상황이 역전되는 계기가 마련되었다. 물론, 이 같은 단시간에 걸친 백신 개발의 성공에는 코로나 계열 바이러스의 연구 축적 및 개발 플랫폼의 발전, 대규모 자금 지원, 긴급 사용 승인을 위한 기관들의 규제 완화와 협력, 글로벌 제약사들의 R&D 협업이나 공동 개발이 큰 역할을 했다. 화이자와 독일 생명공학 기업 바이오엔텍의 화이자-바이오엔텍 백신(BNT162b2), 아스트라제네카와 영국 옥스퍼드대학 제너 연구소의 아스트라제네카 백신(ChAdOx)이 대표적이다.

2020년 12월 2일 자국 기업인 화이자의 백신 긴급 사용을 승인한 영국을 필두로 코로나19 백신에 대한 긴급 사용 승인이나 조건부 허가 승인이 여러 나라에서 이어졌으며, 접종 또한 시범적으로 혹은 본격적으로 시작되었다. 한국에서는 식품의약품안전처의 품목 허가 결정을 거쳐 2021년 2월 26일부터 요양병원 및 요양시설 입소자와 종사자를 대상으로 코로나19 예방접종을 시작하였다.

코로나19 감염증의 중증이환율 감소와 전파 예방을 위해 시작된 코로나19 백신의 예방접종은 중증화 예방 효과가 확인되기도 하였다. 질병관리청의 2024년 1월 25일 〈코로나19 예방접종으로 중증화 예방 효과 확인〉 보도 자료에 따르면, 코로나19 변이 바이러스 유행에 따라 코로나19 감염, 백신 접종 등을 통해 면역이 형성되지 않은 사람들의 중증도(intrinsic severity)와 백신 접종군의 중증도를 비교한 연구 결과, 백신 접종 이후 미접종군 등(재감염자를 제외한 코로나19 백신을 접종하지 않은 1차 감염자)의 중증화율(확진자 중 위중증 환자 및 사망자의 분율)은 2.12%, 델타 우세화 시기 5.51%, 오미크론 우세화 시기 0.94%를, 치명률(확진자 중 사망자의 분율)은 각각 0.60%, 2.49%, 0.63%를 보인 반면에, 예방접종 완료군(2차 접종)은 미접종군 등의 중증화율보다 델타 우세화 시기 1/6, 오미크론 우세화 시기 1/3인 중증도를 보였다.

결과적으로 그리고 역학적(epidemiologically)으로 코로나19 백신의 효과를 확인할 수 있음에도, 어떤 이들은 접종을 선택했고, 다른 어떤 이들은 끝끝내 선택하지 않았음을 우리들은 익히 알고 있다. 또한 전자이든 후자이든 비록 방향은 전혀 달리하고 있으나, 그 선택의 기저에는 분명 생존의 가능성을 높이고자 하는 자유의지가 작동하고 있었다.

예방접종 초기부터 접종자에게 오한·발열·어지러움·두통·근육통·흉통·복통 등의 증상이 흔하게 나타난다고 보고되었기에, 접종 이후 해열제 복용이 권고되기도 하였으며, 2021년 4월 1일부터는 백신 휴가 제도가 시행되기도 하였다. 백신 접종 후에 발생한 바람직하지 않고 의도되지 아니한 징후, 증상 또는 질병을 말하는 이상 반응(adverse event)은 가볍게 찾아

오지만은 않았다. 코로나19 예방접종 이후 「감염병 예방 및 관리에 관한 법률」에 따라 이상 반응으로 의심되어 의료 기관에서 신고한 사례들은 신고 당시 환자 상태를 기준으로 '일반 이상 반응'과 '중대한 이상 반응'으로 분류되었다. 의료 기관 외에 환자 또는 보호자가 예방접종도우미(nip.kdca.go.kr)나 전송받은 문자를 통해 예방접종 후 건강 상태 확인하기로 직접 보고한 경우, 이를 확인한 보건소는 신고 건을 의료 기관 신고로 유도하거나 병의원/보건소 이상 반응 신고로 전환 조치하기도 했다. 중대한 이상 반응은 크게 사망, 주요 이상 반응으로 나뉘었으며, 주요 이상 반응에는 중증 이상 반응(중환자실 입원, 생명 위중, 영구 장애/후유증)과 특별 관심 이상 반응(adverse event special interest, AESI: 세계보건기구가 적극적 모니터링이 필요하다고 인정한 이상 반응)으로 혈소판 감소성 혈전증, 길랑바레증후군, 아나필락시스 등이 포함되었다.

생존의 가능성을 높이고자 한 선택이었음에도, 접종자 가운데 어떤 이들은 사망에 이르는 생명의 피해를 보았으며, 또 어떤 이들은 중대한 신체적 손상의 피해를 보는 역설적 결말을 맞이했다. 그러나 접종 후 당일 사망에 이른 경우 가운데서도, 백신과 사망 간 인과성이 확인되지 않았다는, 즉 백신이 사망의 원인이 아니기에 질병관리청이 피해 보상 신청을 거부한 경우도 있었다. 코로나19 예방접종 당일 사망한 80대 노인의 유족은 질병관리청을 상대로 예방접종 후 나타난 이상 반응과 관련해 피해 보상 거부 처분을 취소해 달라며 소송을 제기하였으나, 2023년 11월 30일 서울행정법원 행정5부에서 원고 패소로 판결했다.(〈서울행정법원_2022구합75624〉)

이 글에서는 코로나19 예방접종 후 사망으로 신고된 사례 중 2021년 6월과 7월 코로나19 예방접종대응추진단이 인과성을 공식 인정한 30대 초반 남성 A와 22세 군인 남성 B에 대해 살펴보고자 한다. 두 사람의 사례는 코로나19 백신과 사망 사이에 인과성이 확인된다는, 즉 백신이 원인이 되어 사망이라는 결과에 이르렀다는 과학적 인정이기도 했다. 아래에서는 우선 신고된 이상 반응을 다루는 피해 조사반의 피해 조사 평가와 신청된 피해 보상을 다루는 피해 보상 전문위원회의 피해 보상 심의에서 관건이 되는 인과성 평가 기준과 관련하여 짚어 보고자 한다.

인과성 평가 기준

세계보건기구가 2019년 업데이트하여 발간한 『예방접종 후 이상 반응의 인과성 평가, 개정된 세계보건기구 분류에 대한 사용자 매뉴얼 2판(Causality assessment of an adverse event following immunization(AEFI), user manual for the revised WHO classification second edition)』에서는 인과성에 대해 다음과 같이 기술하고 있다.

인과성은 두 사건(원인과 결과) 간의 관계이며, 두 번째 사건은 첫 번째 사건의 결과이다. 직접적 원인은 부재 시 결과가 발생하지 않는 요인(필요 원인)이다. 때로는 여러 요인이 결과(사건)를 촉진시키거나 보조 요인으로 작용하여 결과(사건)가 발생할 수도 있다. 백신이 실제로 이상 반응의 원인이 되었는지의 여부를 결정하는 데는 많은 과제가 수반된다. 백신은 종종 여러 기저 질환이 분명해지는 연령대의 어린이에게 투여된다. 하나의 사건에 성인에게 투여된 백신이 전적으로 다른 위험 요인과 동시에 일어날 수도 있다. 백신이 사건 발생 후 합리적인 기간 내에 투여되었다는 사실이 백신이 사건의 원인이 되거나 이에 기여했다는 것을 자동적으로 시사하는 것은 아니다.

잠재적 원인으로서의 백신과 특정 사건 간에 관련이 있다는 증거는 과학적 방법을 따르고 편견과 교란 변수를 피하려는 역학 연구에서 파생된다. 한 예로, 흡연자이면서 유방암 가족력이 있는 환자가 있다. 담배는 암의 원인인가 아니면 하나의 보조 요인일 뿐인가? 마찬가지로, 백신 접종 후 개별 사례에서 인과성 평가를 수행하기 위해서는 어떤 백신과 예방접종 후 이상 반응의 인과성 평가(AEFI)(예: 홍역 백신과 혈소판감소증)에 대해 인과 관련의 증거가 존재하는 경우에서조차, 사건을 백신 제품, 백신의 품질 결함, 예방접종 과정에서의 오류, 예방접종 불안/예방접종 스트레스 관련 또는 우연에 돌리기 이전에 사건에 대한 모든 가능한 설명과 각 확률의 정도를 고려하는 것이 중요하다. 인과성 평가는 AEFI 사례에 대한 체계적 검토로, 사건과 접종한 백신 간의 인과 연관의 확률을 밝혀내는 것을 목표로 한다.

위의 내용은 인과성 개념의 정의가 명확함에도 특히 백신과 이상 반응의 인과성 평가라는 실제에서 맞닥뜨리는 어려움을 보여준다. 어떤 연령대의 어린이들에게는 백신이 아닌 기저 질환이 이상 반응의 원인일 수도 있으며, 어떤 성인에게는 백신 투여와 동시에 일어난 그가 가진 위험 요인이 이상 반응의 원인일 수도 있다. 이 때문에, 어떤 백신이 특정 이상 반응의 잠재적 원인이라는 증거가 존재하는 경우에서조차 개별 사례에 대한 평가에 그대로 적용하는 것이 아니라, 결과(사건)에 대한 모든 가능한 설명, 예로 기저 질환의 발현이나 감염과 같은 외부적 요인들을 각각의 확률 정도와 함께 고려한 후에, 백신 제품, 백신의 품질 결함, 예방접종 과정에서의 오류, 예방접종 불안/예방접종 스트레스 관련 반응 등의 기준에서도 다룰 것을 강조하고 있다. 또한 이러한 맥락에서 예방접종 후 이상 반응 분류의 기저 메커니즘을 예방접종에 일관된 인과 연관(consistent causal association to immunization), 불명확한 (indeterminate: 시간적 관계는 일관되나 인과성에 대한 증거가 불충분한 경우와 인과성에 대한 일관성과 비일관성의 추세가 상충되는 두 경우로 나뉘며, 추후 재평가를 요함), 예방접종에 일관되지 않으며 동시에 일어나는 인과 연관[inconsistent causal association to immunization (coincidental)]이라 함으로써 인과성 평가의 방법론을 제시하고 있다.

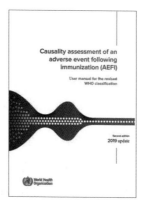

『예방접종 후 이상 반응의 인과성 평가, 개정된 세계보건기구
분류에 대한 사용자 매뉴얼 2판』

이처럼 개정된 인과성 평가의 방법론은 세계보건기구가 2013년에 발간한 『예방접종 후 이상 반응의 인과성 평가, 개정된 세계보건기구 분류에 대한 사용자 매뉴얼(Causality assessment of an adverse event following immunization(AEFI), user manual for the revised WHO classification)』에서부터 등장하고 있다.

코로나19 백신 또한 국가예방접종으로 이상 반응 신고 및 피해 보상 절차와 관련한 법령상 기준은 다른 예방접종과 동일하나, 이상 반응 가운데 중대한 이상 반응 사례에 대해서는 중증 기초 조사를 거쳐 시·도 역학조사관, 시·도 신속대응팀, 예방접종 피해 조사반에 의해 역학조사와 인과성 평가의 과정을 신속히 진행하여 발생 가능한 백신의 안전 문제에 대응하였다. 특히 시·도 신속대응팀, 피해 보상 지원사업 등의 차이로 코로나19 예방접종은 『예방접종 후 이상 반응 관리 지침』과 다르게 『코로나바이러스감염증-19 예방접종 후 이상 반응 관리 지침』에 따라 진행되었다.

코로나19 예방접종으로 인한 이상 반응 관리와 관련하여 피해 조사반과 피해 보상 전문위원회에서 사용하고 있는,『코로나바이러스감염증-19 예방접종 후 이상 반응 관리 지침』 1-2

판 개정부터의 인과성 평가 기준은 세계보건기구의 개정 이전 분류를 한국 상황에 맞게 수정한 것으로 아래의 〈표 1〉과 같다.

〈표 1〉 인과성 평가 기준

구분	심의 기준
① 인과성이 명백한 경우 (definitely related, definite)	백신을 접종한 확실한 증거를 확보하였고, 예방접종 후 이상 반응이 발생한 시기가 시간적 개연성이 있으며, 어떤 다른 이유보다도 백신 접종에 의한 인과성이 인정되고, 이미 알려진 백신 이상 반응으로 인정되는 경우
② 인과성에 개연성이 있는 경우 (probably related, probable)	백신을 접종한 확실한 증거를 확보하였고, 예방접종 후 이상 반응이 발생한 시기가 시간적 개연성이 있으며, 어떤 다른 이유보다도 백신에 의한 인과성이 인정되는 경우
③ 인과성에 가능성이 있는 경우 (possibly related, possible)	백신을 접종한 확실한 증거를 확보하였고, 예방접종 후 이상 반응이 발생한 시기가 시간적 개연성이 있으며, 이상 반응이 다른 이유보다는 예방접종으로 인해 발생했을 가능성이 동일하거나 더 높은 경우
④ 인과성이 인정되기 어려운 경우 (probably not related, unlikely)	예방접종 후 이상 반응이 발생한 시기가 시간적 개연성이 있으나, ① 백신과 이상 반응에 대한 자료가 충분하지 않거나(④-1)
	② 백신보다는 다른 이유에 의한 가능성이 더 높은 경우
⑤ 명확히 인과성이 없는 경우 (definitely not related)	① 백신을 접종한 확실한 증거가 없는 경우나 ② 예방접종 후 이상 반응이 발생한 시기가 시간적 개연성이 없는 경우 또는 ③ 다른 명백한 원인이 밝혀진 경우

* ①-③ 인과성 인정, ④-⑤ 인과성 인정 어려움

①, ②, ③과 ④, ⑤는 백신과 이상 반응이라는 사건의 인과성을 평가할 때, 크게는 백신이 원인이 될 확률이 있는가 없는가처럼 구분된다. 그래서 전자는 '관계있는(related)', 후자는 '관계없는(not related)'의 용어로 기술된다. 인과성이 인정되는 ①, ②, ③은 인과성의 정도 차이를 기술하는 '명백한(definite)', '개연적인(probable)', '가능한(possible)'의 용어로 구분된다. ②는 원인의 확률이 있는 요인들을 경합시켰을 때, 백신이라는 요인이 훨씬 우위를 점했을 경우이다. 특히 이상 반응을 환자의 질병이나 다른 약 등에 의해 설명할 확률이 매우 낮거나 없는 경우이다. ③은 원인의 가능성이 있는 요인들을 경합시켰을 때, 백신이라는 요인과 다른 요인이 동일하거나 조금 더 우위를 점했을 경우이다. 특히 이상 반응을 환자의 질병이나 다른 약물에 의해 설명할 수도 있는 경우이다. ①은 ②에 의해 이미 인과성이 알려진 경우로 이해되지만, 실제로는 주로 세계보건기구, 미국 질병통제예방센터(Centers for Disease Control and Prevention, CDC), 유럽의약품안전청(European medicines agency, EMA)에 의해 인과성이 밝혀진 경우이다.

①, ②, ③은 인과성이 인정되어 피해 보상 또한 이루어졌으나, ④-1의 경우에는 그렇지 못했고 심의의 기준 또한 자료

의 불충분이었기에, 각계의 비판과 논란이 많았다. 이에 피해 보상은 아니나, 피해 지원을 위해 2021년 5월 17일부터 '인과성 근거 불충분 중증 환자 의료비 지원 사업'을 시행했고, 2021년 9월 9일부터는 '인과성 근거 불충분 환자 의료비 지원 사업'으로 변경하여 경증을 포함한 특별 이상 반응까지 대상을 확대하고 이전 접종자에 대해서도 소급하여 적용 시행했으며, 2022년 8월 19일부터는 '코로나19 예방접종 이후 관련성 의심 질환 지원 사업'으로 변경하여 의료비 지원 상한과 사망위로금 지급액을 상향했다. 또한 ④-1의 인과성 근거 불충분의 관련성 질환에서 인과성 인정으로 기준을 변경한 경우도 있다. 2022년 3월, mRNA 백신 접종 이후 발생한 급성 심근염의 인과성 인정과 2022년 5월의 mRNA 백신 접종 이후 위험 구간 (risk interval, 0-42일) 내에 발생한 급성 심낭염의 인과성 인정이 이에 해당한다.

30대 초반 남성 A와 22세 군인 남성 B의 죽음

코로나19 예방접종 후 중대한 이상 반응인 사망으로 신고된 사례와 관련하여 2021년 6월 21일과 7월 27일 코로나19 예방접종대응추진단이 인과성을 공식 인정한 두 남성 A와 B가 있다. A는 2021년 4월 7일 유럽의약품안전청(European medicines agency, EMA) 약물감시위험평가위원회(Pharmacovigilance risk assessment committee, PRAC)에서 아스트라제네카 백신의 '매우 드문 부작용(very rare side effects)'으로 등재되어야 한다고 결론지은 '혈소판 감소를 동반하는 특이 혈전(unusual blood clots with low blood platelets)'과 관련된 '혈소판 감소성 혈전증(thrombosis with thrombocytopenia syndrome, TTS)'을 진단받고 사망했으며, B는 2021년 7월 9일 마찬가지로 유럽의약품안전청 약물감시위험평가위원회가 화이자와 모더나 백신 접종 후, 매우 드물게 발생할 수 있다고 결론지은 심근염(myocarditis)과 심낭염(pericarditis) 중 심근염으로 인한 국내 첫 사망자이다. 또한 2023년 2월 14일 예방접종 피해 보상 전문위원회가 제3차 보상위원회를 열어 확정한 자료에 따르면, 코로나19 예방접종 피해 보상으로 인과성이 인정되어 사망일시보상금이 지급된 질환은 혈소판 감소성 혈전증 1명, 심근염 16명으로 20대 군인 남성 B 이후에도 15명이 코로나19 예방접종 후 심근염으로 추가 사망했음을 알 수 있다.

기저 질환이 확인되지 않은 A는 30대 초반 남성으로 2021년

5월 27일 아스트라제네카 잔여 백신을 접종받았다. 6월 5일부터 심한 두통과 구토 등의 증상이 발현하여 의원급 의료 기관을 찾아 진료를 받았다. 그러나 이후 증상 악화와 의식 저하가 나타나 8일 상급병원에 내원해 검사한 결과 혈소판 감소성 혈전증이 의심돼 치료와 함께 확정을 위한 항체 검사(PF 4 ELIZA 검사)를 진행했다. 15일 항체 검사에서 양성이 확인되어 혈소판 감소성 혈전증을 진단받았으며, 중환자실에서 치료를 받던 중 16일 오후 2시 10분경 사망했다. 사망진단서상 직접사인은 뇌출혈, 뇌출혈의 원인은 대뇌정맥동 혈전증이며, 대뇌정맥동 혈전증의 원인은 혈소판 감소성 혈전증이었다. 2021년 4월 7일 유럽의약품안전청 약물감시위험평가위원회의 혈소판 감소성 혈전증의 인과성 인정으로 코로나19 예방접종대응추진단은 아스트라제네카의 접종을 즉시 중단하고 30세 이상으로 접종 대상을 변경하여 4월 12일 접종을 재개했으나, A의 사례를 계기로 7월 1일부터 접종 대상의 연령을 50세 이상으로 다시 상향했다.

기저 질환이 없던 B는 22세 군인 남성으로 2021년 6월 7일 화이자 백신을 1차 접종했다. B는 5일 뒤인 6월 13일 새벽 1시경 담배를 피우던 중 흉통과 함께 몸에 이상을 느꼈던 것으로

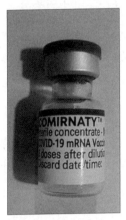

Pfizer-Biontech COVID-19 Vaccine
ⓒ Wikimedia Commons

파악되었다. B가 이런 증상을 동료 병사에게 이야기한 정황이 있으나, 당직자에게 증상을 전달하거나 진료를 요청하지는 않았던 것으로 조사되었다. B는 증상을 호소한 날 오전 8시경 의식을 잃은 채 발견되었다. 바로 응급실로 이송됐지만 심실세동 소견을 보였고 2시간 동안 심폐소생술을 시행하였으나 사망했다. 부검은 사망 후 24시간 만에 이루어졌으나, 심장 비대 이외에 별다른 이상 상태가 없었다. 심근은 뚜렷한 괴사나 섬유증 없이 균일하게 갈색이었으나, 현미경 검사에서 심근 내 호중구와 조직구가 우세한 확산 염증 침윤이 관찰되었다. 염증성 침윤물은 심방과 동방, 방실 결절 주변에서 우세한 반면, 심실 영역은 염증 세포가 전혀 없었다. 또한 염증을 동반하지 않은 근세포의 산발적인 단일 세포 괴사가 심방 전체의 여러 부위에서 관찰되었다. 코로나19로 사망한 이들의 심혈관 부검 소견에 따르면, 비슷한 단세포 괴사가 발견된다는 점에서 이는 코로나19의 독특한 병리학적 특징일 수 있다. 따라서 코로나19 백신 접종으로 인한 심근 손상은 조직학적으로 심근염뿐만 아니라 심근 병변과 유사한 산재성 단세포 괴사로 나타날 수 있다.(Sangjoon Choi, et al., 2021)

　『생명의료윤리의 원칙들』에서 지적하고 있듯이, 위험에 대한 개인의 인지는 전문가의 평가와 차이가 있을 수 있다. 비록 우리가 예상 이익의 개연성 및 규모와 예상 해의 개연성 및 규모 사이의 비율이라는 용어 속에서 위험-이익 관계를 가장 잘 이해할 수 있다고 할지라도, 코로나19 예방접종 후 신고된 이상 반응을 둘러싸고 겪었던 피해 조사 평가와 피해 보상 심의 및 지원사업의 시행 등이 언젠가 찾아올 새로운 팬데믹의 상황에서 위험에 대한 개인의 인지와 전문가의 평가 간 간극을 좁혔는지, 아니면 거꾸로 더 벌렸는지 되짚어 보아야 할 것이다.

폭염과 어느 노동자의 죽음

— 지구온난화와 폭염 그리고 신체와 정신의 건강

최성운

"우리가 앞당겨 맞이한 것은 여름이 아니라 죽음이었다."

이것은 기후 저널리스트인 제프 구델(Jeff Goodell)이 『폭염 살인』에서 지구온난화가 단순한 기후상의 변동만이 아니라 생명체의 죽음을 야기한다는 것을 상징적으로 드러낸 문장이다. 그리고 일찍 죽어 가는 생명체에는 인간도 포함된다. 이 글은 폭염이 어떤 방식을 통해 우리의 생명을 파괴하는가에 대해, 먼저 현재의 기후변화가 어떠한 상황에 처해 있는가로부터 시작해 무더위가 사회 속에 살고 있는 인간의 삶을 신체와 정신 두 측면 모두에서 파괴한다는 것을 한 노동자의 죽음을 통해 살펴보려 한다.

지구온난화와 페름기 말의 대멸종, 그리고 지금

극단적인 무더위가 어떤 결과를 불러올 수 있는지에 대해 과거의 대표적인 사례 중 하나를 통해 유추해 볼 수 있다. 고생대와 중생대를 구분하는 기준이 된 페름기 말에 발생한 대멸종은 여러 면에서 우리에게 많은 점을 시사한다. 이때 해양동물과의 50% 정도가 죽었고, 학자에 따라서 멸종된 종의 퍼센티지는 다르지만 대략 90%의 종이 멸종된 것으로 추정된다. 아주 단순화시켜서 예를 들면 인간·소·닭·고등어·미역·벼·배추·소나무·꿀벌·지렁이 중 단 하나의 종만이 살아남았다는 얘기이다. 이토록 엄청난 수의 죽음이 불과 수만 년에서 100만 년 사이에 발생했다(마이클 J. 벤턴, 2007, 282-283쪽).

이 대멸종은 극심한 온난화로 인한 극단적 더위와 관련이 있다. 시베리아의 광대한 화산 지대에서 100만 년 동안이나 지속된 화산 폭발은 석탄기에 대량으로 형성된 석탄층까지 태우면서 대규모의 이산화탄소를 대기 중으로 방출했다. 마이클 제이. 벤턴(Michael J. Benton)의 『대멸종—페름기 말을 뒤흔든 진화사 최대의 도전』에서는 이산화탄소의 온실효과로 인해 기온이 6℃ 상승했다고 추산한다. 지난 20세기에 지구 기온이 0.5℃ 상승한 것만으로도 지금 지구 각지의 급격한 기후변화가 발생하는 것에 비추어 보면 어느 정도의 대격변이었는지 상상할 수 있다(마이클 J. 벤턴, 2007, 372-374쪽).

대기에서 발생한 변화는 바다에도 영향을 미친다. 극지방이 해빙되면서 빙하는 다 녹았고 바닷속에 냉동 상태로 있던 막대한 메탄가스를 대기 중으로 방출했다. 이산화탄소와 메탄가스 모두 온실효과를 불러일으키지만, 메탄가스는 이산화탄소보다 온실효과가 15~34배 정도 강하다. 이로 인해 기온은 더 올라갔고, 더 많은 메탄가스가 발생하는 과정이 통제 불능의 상태로 증폭되며 반복되었다(마이클 J. 벤턴, 2007, 386-387쪽). 제프 구델의 『폭염 살인』에 의하면 열대지방의 해수 온도는 40℃까지 올랐고, 바다의 산소 농도는 전체적으로 볼 때 80% 정도 감소하였으며, 방대한 무산소 해역까지 발생했다. 뜨거워진 페름기 말 바다의 해수면은 현재보다 100미터 높았다. 구델은 이런 전체 과정의 결과로 지구 기온이 14℃ 정도 상승하여 60℃에 달하는 폭염을 지구상에 몰고 왔다고까지 주장한다. 이 페름기 말의 대멸종이 극심한 온난화로 인한 극단적 더위와 관련 있다는 것이다(제프 구델, 2024, 464쪽).

페름기 말과 현재가 지구온난화를 중심으로 하여 유사한 점들을 보여서, 혹시 지금의 상황이 과거에 발생한 통제 불능의 지구온난화 상태로 들어가는 초입에 들어와 있는 것이 아닌가 하는 우려를 자아낸다. 이를테면 시베리아 용암 분출은 현재의 화석연료의 연소에, 페름기 해양의 메탄가스 방출은 석탄 채굴과 가스정 등의 에너지 산업 분야와 축산업을 비롯한 농업 분야에서의 메탄가스 발생과 견줄 수 있을 것이다. 기온 상승 추세와 극지방의 해빙 및 해수면 상승도 뚜렷하며, 산소 농도 감소 역시 현재 해양에서 나타나고 있는 상황이다.

2024년 3월 18일 자《CNN》방송에서는 2023년 3월 중순 이후 전 세계 바다의 평균 해수면 온도가 매일 역대 최고 일일 기록을 경신하며 상승하여, 2023년 전체 평균 해수면 온도는 2022년보다 0.25℃ 올랐다고 보고했다. 이것은 지난 20년간 상승한 온도가 불과 1년 만에 올라간 충격적인 일이었다. 물론 이것은 화석연료를 사용하여 발생하는 과도한 열의 90%가 바다에 저장되기 때문에 발생하는 기존의 지구온난화만으로 발생한 것 외에, 해수면 온도를 상승시키는 엘니뇨의 잦은 발생이 함께 작용했기 때문으로 추정되기는 한다. 그 원인과 무관하게 해수 온도의 급격한 상승은 해양 생물의 생존을 위협하고 폭풍우 등의 기상이변이 발생할 가능성을 높인다(CNN,

2024.3.18.).

2024년 8월 13일 자《MBC》방송 기사 「독성 해파리 들끓고 물고기 떼죽음, 열병에 신음하는 바다가 폭염 부채질」은 경기도와 강원도를 제외한 나머지 모든 해역에 고수온 특보나 적조 특보가 발령되었다고 보도했다. 뉴스 앞머리에는 "'끓는 바다'에 포위된 한반도"라는 자막이 걸려 있다. 표층 수온은 30도 이상이고, 예년보다 최고 4~5도 높다는 자막과 함께 이것은 사람의 체온으로 비교한다면 40도가 넘는 고열이라는 기자의 해설이 덧붙여졌다. 올해 상반기 우리 해역의 평균 수온은 15.2도로 선박을 통한 정기적인 관찰이 시작된 1968년 이후 최고치를 경신했다. 말 그대로 끓는 바다로 인해 전 해역의 양식장이 큰 타격을 받고 있다. 태안군에서만 55만 마리의 양식 어종 피해가 보고되었는데, 일주일 사이에 70%가 폐사할 것으로 예상되었다. 양식장의 물고기들은 이동할 수가 없어 어느 한 지역에서 변화하는 해양 환경에 고스란히 노출되므로, 특정 해역의 바다 환경에서 '탄광 속의 카나리아' 같다고 볼 수 있다,

2024년 8월 25일 자《KBS》방송 기사 「1994, 2018, 2024 다음은? 주기 짧아지는 '기록적 폭염'」은 역대급 기록적 폭염을 보인 2018년에 필적할 정도의 더위가 올해 나타났으며, 열대

야의 경우 이미 2018년의 기록을 깼다고 보도했다. 폭염 일수나 온열 질환자 숫자 등은 2018년에 못 미치기도 하지만, 더위를 견디기 힘들게 만드는 습도 면에서 올해는 2018년에 비해 10% 넘게 높아졌다. 8월 13일 자《MBC》방송의 기사에 의하면 열대야와 높은 습도의 원인은 뜨거워진 바다에서 밀려 들어오는 더 많은 수증기의 양이다. 이명인 울산과학기술원 폭염연구센터장은 '수증기는 이산화탄소보다 8배 이상 더 강력한 온실가스'라는 점을 지적한다(MBC, 2024.8.13.).

8월 25일 자《KBS》방송 기사는 점점 짧아지고 있는 '폭염의 주기'에 주목했다. 1994년 폭염의 기록이 24년 만인 2018년에 경신되었지만, 2018년에 필적할 만한 올해의 더위는 불과 6년 만에 나타났다. 윤진호 광주과학기술원 교수는 온실가스를 줄이려는 노력 없이 2030년이 되면, 매년 폭염 기록이 깨지는 '뉴노멀'이 시작될 수도 있다고 경고한다(KBS, 2024.8.25.).

많은 학자와 작가들이 경고하듯이, 이런 상황은 지금이 페름기 말의 대멸종에 앞서 나타났던 '지구온난화의 과정이 통제 불능의 상태로 증폭되며 반복되는 시기'의 초엽에 해당될지도 모른다는 생각을 떠올리게 한다. 그리고 양식장의 물고기들이 온난화로 피해를 입었던 것 못지않게 육지의 생물들도 고통받고 있다.

육지의 생물 중 사람만 살펴보더라도, 사람의 생명 역시 점차 위협받고 있다. 이때 신체적 측면만이 아니라 정신적 건강 역시 폭염의 영향을 받는다. 또한 사람은 단순히 뜨거워지는 자연환경으로부터만이 아니라 사회 속에서도 그 영향을 받는다. 이제 사회 속에서 기후의 영향을 받는 인간의 모습을, 노동자에게 발생한 온열 질환으로 인한 죽음을 중심으로 살펴보려 한다. 온열 질환은 뜨거운 환경에 장시간 노출되어 열로 인해 발생하는 급성질환을 가리킨다. 그리고 우리가 살펴볼 죽음은 덥다고 해서 단순하게 이를 회피할 수 없고 무더위 속에서 일해야 하는 직종의 일을 하고 있던 한 젊은 노동자에 관한 이야기이다. 그가 이해하기 힘든 상황 속에서 죽어 간 과정을 되짚어 보며 무더위가 신체만이 아니라 감정이나 인지능력 등의 정신 건강에 작용하여 우리 삶의 구석구석에까지 영향을 미치고, 결국 죽음으로도 이어질 수 있다는 있다는 점을 들여다볼 것이다.

온열 질환으로 인한 노동자들의 죽음

2024년 7월 31일 낮 최고기온이 35.4℃인 부산의 상가 건물 공사 현장에서 60대 남성이 사망했다. 사망 당시의 체온은 40℃에 육박했으며 1차 부검 결과 열사병으로 인한 사망으로 추정되었다. 직사광선에 직접적으로 노출되는 건설 현장은 폭염에 유독 취약할 수밖에 없어 온열 질환으로 인한 산재 승인에서 압도적인 1위를 차지한다. 그리고 건설공사 현장에서 늘 안전사고를 방지하기 위해 착용하는 헬멧과 두꺼운 작업복 및 작업화는 바람이 잘 통하지 않아서 땀을 잘 배출하지 못하여 체온이 쉽게 오르는 문제점이 있다. 이로 인해 건설 현장의 노동자들은 온열 질환에 더 취약할 수밖에 없다. 게다가 건설공사와 같은 야외 작업 시에는 증상을 잘 못 느끼는 경우가 많아 위험도가 상승한다고, 한성호 동아대 가정의학과 교수는 같은 날의 《KBS》 기사 「야외 작업자 '열사병' 추정 사망 … '극한 폭염' 대비는?」에서 지적했다(KBS, 2024.7.31.).

그런데 직사광선에 노출된 야외 노동이라서 혹은 60대의 노년층이라서 노동자의 사망 사건이 발생한 것만은 아니었다. 이런 조건들은 위험성을 더 높일 뿐이며, 사망할 위험성은 누구에게나 존재한다. 8월 20일 자 《한겨레》 기사 「폭염에 스러진 27살 아들 … '1시간 방치, 사진 찍을 시간에 신고했다면'」과 「에어컨 달다 숨지도록 … 폭염 속 급식실엔 '선풍기 2대'뿐」에 따르면, ㄱ 씨는 키 180㎝, 몸무게 75㎏의 건장한 체격으로 아무런 기저 질환이 없는 27세의 남성이었다. 그는 에어컨 설치 기사로 한 학교의 실내와 실외에서 에어컨 없이 에어컨 설치 작업을 하다가 사망했다.

그가 근무를 시작한 첫날인 8월 12일은 광주와 전남 전역에 폭염 경보가 발효되어 있었고, 전국에서 대부분 체감온도가 35℃ 내외를 기록한 날이었다. 그가 에어컨을 설치하던 지역인 장성의 최고기온이 35.8℃에 달했는데, 그는 12시간 가까이 근무한 뒤 속옷을 비롯해 주머니 속에 넣어 둔 담배까지 다 젖을 정도로 땀을 흘렸다. 근무 이틀째인 사고 당일 장성 최고기온은 34.4℃였고, 그는 9시간이 좀 못 되는 근무 끝에 온열 질환 증상을 보이다가 사망한 것이다.

근무 첫날 그는 자신이 땀을 너무 흘리자 냉각모자 착용 등을 팀장에게 요구했으나 거절당했다. 이틀째에는 헛소리를 하거나 같은 자리를 계속 도는 등 이상행동을 했고, 오후 4시 40분에 더위를 호소하면서 에어컨을 설치하던 건물 외부에 나가 구토를 한 뒤 실내로 돌아왔다. 이후 한 번 더 작업 현장을 떠나 구토를 한 뒤 야외의 학교 화단에 쓰러졌다. 팀장은 쓰러진 그의 모습을 촬영한 뒤, 회사의 인사 담당자로부터 그의 어머니 전화번호를 알아내어 연락했다. ㄱ 씨가 쓰러진 사진을 그의 어머니에게 보내고서 ㄱ 씨가 정신 질환이 있는지 물으며 데려가라고 전화했을 뿐, 다른 조치를 취하지 않았다. 이때가 5시 10분이었다. 《한겨레》 기사에 따르면 동료들은 ㄱ 씨가 '딴짓한다는 생각에' 땡볕에 그대로 방치했는데, 그가 쓰러진 지 1시간 가까이 지난 뒤에도 여전히 정신을 차리지 못하자 팀장은 5시 30분경 다시 어머니에게 전화해 119구조대에 신고해도 되는지 물었다. 어머니가 재촉하고 나서야 팀장은 119에 신고했고, ㄱ 씨는 10분 뒤 도착한 119구조대에 의해 병원으로 이송되었으나 사망했다.

ㄱ 씨의 어머니는 '사진을 찍어 보낼 시간에 119에 신고만 했어도 우리 아들은 살아 있었을 것'이라며 분노했다. 한 노무사는 이 사건의 원인으로 여러 가지 가능성을 지적했다. ㄱ 씨가 "출근 첫날부터 작업 현장으로 바로 간 것으로 봤을 때 채용 전 산업안전교육을 받지 않"았을 가능성과 현장의 작업자들에게 온열 질환에 대해 교육이 이루어지지 않았을 가능성을 지적했다. 또한 폭염으로 인해 온열 질환이 발생하는 것을 막기 위한 안전 대책 또한 제대로 마련되지 않았던 것을 문제로 보았다.

ㄱ 씨의 죽음에는 노무사가 지적한 여러 문제점이 원인으로

에어컨 설치용 업무 차량.
에어컨 설치기사들은 무더위 속에서 에어컨 없이
작업을 진행하게 된다.

작용했을 가능성이 있다. 이를테면 구토는 열사병과 열탈진에서 나타날 수 있고, 헛소리와 의식불명 상태는 열사병에서 나타날 수 있는 증상이다. 그리고 2024년 고용노동부와 한국산업안전보건공단에서 배포한 "여름철 폭염으로 인한 온열 질환 예방가이드"(앞으로는 "예방가이드"로 약칭)에는 체감온도 31℃ 이상일 때 근로자가 요청한 경우 추가 조치로 쿨토시 등 보냉 장구를 제공할 것을 권고하고 있다. 쓰러졌거나 불편감이 있었고, 의식이 없으면 119에 구조 요청을 하고, 의식이 있으면 시원한 장소로 이동시키고 수분 등을 섭취시키며 관찰한 뒤에도 의식이 없거나 증상이 개선되지 않으면 마찬가지로 구조를 요청하는 등의 내용도 있다. 이 모든 권고 사항이 지켜졌었다면 ㄱ 씨는 생명을 잃지 않았을 가능성이 높다고 보인다.

그럼에도 불구하고 무엇인가 석연치 않은 구석이 남아 있다. 굳이 온열 질환의 가능성을 떠올리지 않더라도, 누군가가 두 번이나 구토를 한 뒤 땡볕에 쓰러져서 의식을 회복하지 못한다면 적어도 '아파서'를 의심하는 것이 자연스러워 보인다. 그러나 팀장의 반응은 그렇지 않았다. ㄱ 씨가 다른 어떤 질병으로 인해 저렇게 되었을 가능성을 떠올리는 데 무려 50분이라는 시간이 걸렸다. 119구급대를 부르기 전까지는 ㄱ 씨가 일하기 싫어서 일부러 '딴짓한다' 혹은 정신 질환 때문이라고 생각한 것이다. 팀장이 '질병'일 가능성을 배제하고 이 두 가지 가능성만을 떠올리게 되었던 점에 대해 산업안전교육과 온열 질환에 대한 교육이 제대로 이루어지지 않았을 가능성만으로 설명할 수 있을까? 여기에서 폭염이 정신 건강에 미치는 영향을 검토해 볼 필요성이 생긴다.

폭염과 정신 건강 그리고 에어컨 설치기사 ㄱ 씨의 죽음

데이터 컨설팅 기업 ㈜피앤아이가 2023년에 진행한 "폭염 관련 기획 조사" 설문 결과에 의하면 '무더운 날씨가 범죄의 촉매제 역할이 될 수 있는지'를 묻는 질문에 조사에 응한 우리나라 국민 10명 중 4명(37.2%)이 '그렇다'고 응답했다. 연관성이 없다는 응답은 26.1%였고, 보통이라는 응답은 36.7%였다. 그렇다면 어느 쪽이 사실에 가까울까?

지난 10여 년간, 각종 연구를 통해 학계는 폭염이 범죄로 이어질 수 있다는 증거를 찾아냈다. 2022년에 발표된 세계경제포럼(WEF) '폭염과 정신 건강' 관련 보고서(Heat waves can impact our mental health. Here's how)는 공격적 행동과 폭력 범죄율을 증가시키는데 이것은 폭염이 인간의 정신에 영향을 미치기 때문이라는 결론을 내놓았다. 그리고 폭염이 범죄를 넘어서서 정신 건강 전반에 걸쳐 악영향을 미친다고 주장했다.

장기간의 혹서는 인지능력에 영향을 미쳐서 공격적인 행동과 폭력 범죄율을 증가시킨다. 폭염으로 인해 발생한 열 스트레스가 자제력을 낮추고, 공격성을 높이기 때문이다. 주이샹(Yixiang Zhu), 미셸 벨(Michelle Bell) 등의 국제 연구진이 미국의사협회 정신의학회지(JAMA Psychiatry)에 발표한 「남아시아 저소득 및 중간 소득 국가의 파트너 여성 사이에서 배우자에 의한 폭력의 확산과 주변 온도의 연관성(Association of Ambient Temperature With the Prevalence of Intimate Partner Violence Among Partnered Women in Low- and Middle-Income South Asian Countries)」이라는 논문은 이를 잘 보여준다. 인도, 네팔, 파키스탄 3개국에서 연평균 기온이 1℃ 상승함에 따라 신체적·성적 가정 폭력이 6.3% 이상씩 상승했다. 남아시아 3국에서는 무더위로 인해 남편이 밖에서 일용직 노동일을 구할 수 없게 되면 수입원이 상실되고 남편의 좌절감이 쌓이면서 아내와 아이들에 대한 구타로 이어지기도 한다. 더위가 단순히 신체적 혹은 정신적으로만 영향을 미치는 것이 아니라, 젠

더나 사회 취약층과 같은 사회적 문제와 얽히면서 폭력이 증가하게 되는 것이다.

이와 같은 현상이 발생하는 원인 중 신경전달물질이 담당하는 역할이 밝혀져 있다. 이 현상과 연관되어 있는 신경전달물질 중 하나인 세로토닌에 대해 경희대 정신건강의학과 백종우 교수는 다음과 같이 설명한다.

> 기온이 올라가게 되면 우리 몸은 체온을 조절해야 되는데, 교감신경이 항진되면서 '세로토닌' 같은 신경전달물질을 낮추게 됩니다. (세로토닌은) 공격성이나 우울 같은 감정을 조절하고, 행복감을 느끼는 데 굉장히 중요한 신경전달물질인데요. 이게 낮아지게 되니까 자살이 증가하고, 또 폭력성이 증가한다든지, 치명적인 결과까지도 초래할 수 있다고 설명되고 있습니다(YTN, 2024.07.13.).

아드레날린 역시 신경전달물질로 이에 관여한다. 급성으로 열기에 노출되면 많은 아드레날린이 분비되는데, 아드레날린은 이를테면 상대방의 도발과 같은 특정 조건에서 공격성을 높일 수 있다. 그리고 네덜란드 학자들의 연구에 따르면,

열 스트레스는 뇌에서 공격성과 자제력을 담당하는 전두엽 부위의 기능을 저하시킨다. 이로 인해 30도 이상의 기온에 노출될수록 폭력을 일으키고 무계획적인 모습을 보이게 된다. 이것은 살해 사건으로도 이어진다(메디칼업저버, 2016.6.28.). 폭염이 닥쳤을 때 연인과 아내 등 친밀한 관계의 여성이 살해당할 위험이 40% 이상 증가한 사실이 스페인 국립공중보건대학(National School of Public Health, Spain)의 연구에 의해서도 밝혀져 있다. 이 연구 역시 무더위가 정신 건강에 영향을 미치며, 젠더라는 사회적 문제와 연관되어 있음을 보여준다(뉴스;트리, 2023.6.29.).

또한 폭염은 정신적 질환을 앓는 환자들에게 직접적으로 영향을 미치는데, 여기에는 온도만이 아니라 습도도 함께 작용한다. 월 평균기온이 1도 상승할 때마다 정신 건강과 관련된 사망은 2.2%씩 증가한다. 높은 온도와 습도는 우울증, 범불안장애, 양극성 장애를 지닌 환자들의 증상 발현과 연관되어 있다. 상대습도의 갑작스러운 상승은 자살 발생률을 높인다. 인간이 초래한 기후변화로 인해 발생하는 습도와 온도의 상승은 양극성 장애 환자의 조증 발현 증가와 연관이 깊어서, 정신 질환 입원과 자살 충동의 발생을 초래할 수 있다. 더 심각한 문제는 정신 질병에 사용되는 주요한 약들의 효과가 열에 영향을 받아 감소할 수 있다는 점이다(한겨레신문, 2022.7.21.).

이뿐만이 아니다. 폭염은 인지능력 자체를 떨어뜨린다. 2018년 7월 12일에 미국 하버드대 공중보건대학 연구팀이 국제학술지 『공공과학도서관 의학(PLOS Medicine)』에 게재한 「에어컨 없는 건물 거주자들의 폭염 기간 인지능력 저하 (Reduced cognitive function during a heat wave among residents of non-air-conditioned buildings)」라는 연구가 이를 보여준다. 이 연구팀은 에어컨이 있는 방과 없는 방에 학생들을 나누어 배정하고 매일 인지능력 테스트를 하는 실험을 진행했다. 그 결과는 우리가 상식적으로 떠올릴 수 있는 결과와 다르지 않았다. 에어컨이 없는 방에 배속된 학생들이 반응속도나 시험 점수 모두 낮았다. 이 결론은 한여름 야외에서도 당연히 적용될 것이다. 폭염 상황에서 야외 작업을 하는 건설 인부나 농부가 증상을 잘 느끼지 못하게 되어 위험도가 상승한다는 지적은 이와 연관되어 있다.

아마도 이상 증세를 보이던 27세 에어컨 설치 기사의 사망은 위에서 언급한 여러 정신적 요인 및 권력과 같은 사회적 문제와 어느 정도 연관되어 있을 것이다. 사후에 그것도 외부의 입장에서 이 한 시간 동안의 진행 과정을 볼 때, 냉방 장비가 없이 한여름에 일하던 노동자가 쓰러져 있다면 온열 질환을 가장 먼저 떠올릴 만도 하다. 그러나 팀장은 온열 질환이 아니라 정신 질환을 떠올렸다. 그리고 이것조차 '일하기 싫어서'에 이은 제2의 가설이었던 점은, 이 사건을 ㄱ 씨가 쓰러지기 이전의 어느 시점으로 거슬러 올라가서 살펴볼 필요성이 있다는 점을 암시한다. ㄱ 씨가 정신 질환자일 것이라는 생각을 떠올리게 만들 만한 상황이 사전에 있었다. 헛소리를 하는 등의 이상행동이었다. 그런데 정신 질환이 제2의 가설이었으므로, '일하기 싫어서'라는 첫 번째 가설이 세워질 만한 어떤 계기 역시 그 이전에 존재했을 것이다. 그리고 그것은 ㄱ 씨에 대해 일하기 싫어한다, 혹은 정신 질환이 있다고 부정적인 가설을 세울 정도로 감정적인 것과 연관된 무엇인가였을 가능성이 있다.

그 시작은 신참인 ㄱ 씨가 근무 첫날 요구한 냉각모자부터가 아니었을까? 이 보냉 장구는 폭염 상황 속에서 양자가 각자의 입장에서 '정당하게' 서로 대치될 수 있으면서 동시에 ㄱ 씨에 대해 팀장이 부정적 감정을 갖게 될 만한 지점이다. 양자가 "예방가이드"를 알고 있었는지는 알 수 없지만, 이와 무관하게 말이다. ㄱ 씨의 입장에서는 첫날 근무로 속옷을 비롯해 주머니 속에 넣어 둔 담배가 다 젖을 정도로 땀을 많이 흘렸다. 그가 뭔가 대책이 필요하다고 생각하며 팀장에게 보냉 장구를 요구하는 것은 자연스러운 일이라고 생각된다.

팀장의 입장에서 ㄱ 씨의 요구에 따라 이를 제공해야 할 법적 의무는 없다. 우선 보냉 장구에 대한 내용은 "예방가이드"에서 강제 규정에 해당되지 않는다. 비록 강제 규정 외에도 사측은 포괄적으로 노동자의 온열 질환 발생을 예방할 의무가 있는 것은 사실이지만 말이다. 그리고 팀장 역시 노동자이지만 임의 규정에 대해서는 팀원과 팀장의 입장과 의견이 서로 다를 수 있고, ㄱ 씨와 회사 측의 의견도 다를 수 있다.

그런데 다음 날 전개된 상황을 보면 과연 "ㄱ 씨가 보냉 장구를 요구했고 양자의 입장이 달랐으며 팀장이 이를 거부했다."는 선에서 이 일이 일단락되었는지에 대해 의문이 생긴다. 팀장의 거부로 인해 ㄱ 씨가 불만을 갖게 되었을 가능성이 있다. 팀장의 입장에서도 마찬가지로 ㄱ 씨에 대해 불만을 가졌을 가능성이 있다. 이를테면 그가 ㄱ 씨의 요구를 단순히 보냉 장구를 요구하는 것을 넘어선 '도발'로 여겼던 측면은 없었을까? 자신은 입사한 뒤 팀장으로 근무하는 현재까지 오랜 시간을 그런 것 없이 버텨 왔다. 물론 그때나 지금이나 더워서 힘든

강의 건물과 에어컨.
에어컨 설치기사 ㄱ 씨의 사망 사건은 이틀에 걸쳐 폭염경보가
발효된 가운데 사진처럼 수많은 에어컨을 설치하던 작업 중에
발생했다.

것은 마찬가지였을 것이다. 업무의 특성상 에어컨이 없는 곳에 에어컨을 설치하는 작업을 하기 때문이다. 이 점은 같이 일하는 다른 팀원 역시 마찬가지였을 것이다.

팀장이 보기에 8월 12일에 처음 일을 시작한 신참은 오래도록 이 일을 해 온 자신들과는 달랐다. 입사한 당일에 한참 선배이자 현장 책임자인 팀장에게 그런 것까지 요구하는 행위가 팀장의 권위에 대한 도전으로 느껴졌고, 냉각모자를 비롯하여 더위를 식힐 대책의 필요성에 대해 고민하며 추후 도입의 여지를 남기기보다는 거절하는 방식으로 행동했을 가능성이 있다. 지금까지 그런 것 없이도 힘들지만 잘 버텨 왔고, 자신이 신참이었을 때는 출근 첫날 팀장에게 그런 걸 요구한다는 생각 자체를 해 본 적이 없었는데 하면서 말이다. 안 그래도 더위로 자제력이 약해지고 공격성이 증가할 수밖에 없는 상황에서….

이렇게 근무 첫날부터 팀장에게 부정적인 인상을 준 ㄱ 씨가 둘째 날 헛소리를 하면서 빙글빙글 도는 행동을 하고 구토를 하며 땡볕의 화단으로 나가서 쓰러져 버리자, 안 그래도 열 스트레스로 인해 약해진 팀장의 자제력에는 한계가 왔을 가능성이 높다. 게다가 팀장과 다른 팀원의 입장에서 보면 ㄱ 씨가 '일을 하지 않고 있는 상황'이고, 무더위 속에서 나머지 2인이 ㄱ 씨의 몫까지 일해야 했다. 작업 측면에서 본다면, 3인 중 2인만이 작업을 하게 되는 상황이 왔지만 어쨌든 작업을 완료해야 하는 이들에게 불만이 생길 수밖에 없어 보인다. 게다가 하버드대 연구팀의 연구 결과처럼 이들이 작업의 상당 부분을 에어컨이 없는 실내에서 작업하므로 인지능력 자체에 저하가 왔던 것은 물론이다. 이런 상황들이 중첩되면서 ㄱ 씨가 땡볕에 쓰러진 채 일어나지 않는 것에 대해 팀장은 상급자의 입장에서 ㄱ 씨가 '딴짓한다' 즉 일하기 싫어서 저런 행동을 하는 것이라 생각해서 방치했던 것은 아닐까?

이후 보통 사람이라면 쓰러진 채 견디기 힘들 정도로 한참의 시간이 지나도 그대로 있자, 이제는 그가 어떤 질병으로 인해 저런 행동을 했을 가능성까지 염두에 두게 되었다. 그것은 ㄱ 씨가 헛소리를 하는 등 이상행동을 보였던 것으로 볼 때, '보통'의 일반적인 질환이 아니라 정신 질환이기 때문이라는 생각이었다. 정신 질환자의 입원은 직계가족만이 결정할 수 있으므로, 어머니에게 전화한 이유는 ㄱ 씨를 정신병원으로 보내기 위해서였다. 동시에 이것은 ㄱ 씨를 일터에서 내보내는 것이기도 했으며, ㄱ 씨에 대한 팀장의 분명한 거부 의사였다. 이 결정을 내려 어머니에게 전화하는 데 ㄱ 씨가 쓰러진 뒤 30분이 걸렸다.

　이 말을 들은 어머니의 입장에서라면 분명히 아들이 어딘가가 아파서 그런 것 아니냐 생각하고 빨리 아들을 병원에 보내야 한다고 주장했을 만도 하다. 그러나 적어도 신문 기사에는 이때 당시에 어머니가 아들의 병원 이송을 주장했다는 내용이나, 혹은 어머니의 병원 이송 주장에 대해 팀장이 묵살했다는 내용은 보이지 않는다. 팀장이 어머니에게 아들의 상태를 알려 줄 당시에, ㄱ 씨가 정신 질환 이외의 다른 질병으로 인해 저런 행동을 했을 가능성은 배제되었던 것으로 추정된다.

　어머니가 아들이 정신 질환자라는 점을 부정하자, 그러면 '일하기 싫어서'라는 설명이 다시 우위를 점하게 되었던 것으로 보인다. ㄱ 씨는 또다시 20분간 방치되었다. ㄱ 씨가 쓰러진 뒤 50분 만에 팀장은 그에게 어떤 다른 질병이 있을 가능성을 떠올리고 어머니에게 119를 불러도 되는지 물은 뒤 어머니의 재촉 속에 그를 병원으로 이송한다. 구토가 시작된 지 정확하게 1시간 만에 우리가 알다시피 ㄱ 씨는 병원으로 이송되었고, 사망하게 되었던 것이다.

　27세의 신참 에어컨 설치 기사 ㄱ 씨의 죽음은 폭염에 대해 우리가 신경을 써야 할 중요한 영역이 신체적 건강만은 아닐

수 있다는 있다는 시사점을 보여준다. 물론 "예방가이드"에서 주안점을 두어 다루는 것처럼 폭염에 대해 신체적 건강을 지키는 것과 이를 위해 제도적 방지책을 충실하게 만들고 실행해 나가는 것은 가장 기본적으로 달성되어야 할 목표이다. 현재 소규모 사업장에서는 이조차 제대로 지켜지지 않는 경우가 있다. 그리고 노사 양측에서 산업재해를 예방하기 위해 위험성 평가를 하도록 되어 있지만 실질적인 효과를 거두기 힘든 경우가 많기 때문에, 소규모 사업장에 대해 국가 차원의 위험성 평가를 하는 등 제도적 개선이 필요하다.

이와 더불어 폭염이 정신적 건강에도 영향을 미친다는 인식역시 널리 공유되고 그 악영향을 줄이기 위한 대책 역시 고민되어야 한다. 지금까지 살펴본 것과 같이 노동 부문에서의 예를 들면 한국산업안전보건공단에서 정리한 '온열 질환 증상 및 응급조치' 중의 '온열 질환 징후, 증상'에는 의식상실을 제외하면 정신 건강 관련 내용은 보이지 않는다. 특히 폭염이 정신건강에 미치는 영향은 온열 질환에 국한되지 않고, 사회적 약자들에게 다양한 수준과 형태로 미칠 수 있다는 점에서 더 많은 주의가 필요하다.

06

만성적 재난
—단백질 결핍의 발견과 영향

이동규

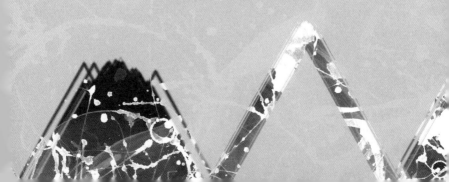

식민지의 여성 의사

1929년 영국의 식민지였던 골드코스트(Gold Coast)에 옥스퍼드 대학교 출신의 여성 의사 시슬리 윌리엄스(Cicely Williams)가 식민지 의료 담당관으로 부임했다. 1893년 출생인 윌리엄스는 자메이카에서 성장했으며, 옥스퍼드와 런던에서 교육받았다. 옥스퍼드대학은 1920년에 이르러 여성들에게 학위를 수여하기 시작했고, 윌리엄스는 당시 학위를 받은 여성 중 한 명이었다. 공중보건을 공부했지만, 여성 의사에게는 취업 기회가 제한적이었기 때문에 고향이 자메이카에 배치되길 희망하며 식민지 의료 관리국(Colonial Medical Service)에 지원했다. 결국은 오늘날 가나의 수도인 아크라(Accra) 지역의 아동병원에서 근무하게 되었다. 1930년대 서아프리카의 골드코스트는 서구인들에게는 황열병과 풍토병에 노출되는 위험을

시슬리 윌리엄스(Cicely Delphine Williams, 1893-1992).
National Library of Jamaica.
골드코스트 이후 유고슬로비아, 탄자니아, 에디오피아
등에서 의료 전문가로 활동했고, 1992년 98세의 일기
로 영국 옥스퍼드에서 사망했다.

감수해야 하는 곳이었다(Carpenter, 1994, pp. 142-142). 무엇보다 영국의 식민지 관리가 된 여성의 사례가 많지 않았다는 점에서 그의 존재 자체는 특별했다.

윌리엄스는 아크라 지역 병원에서 근무할 때 아동들에게 높은 사망률을 보이는 병증을 다수 발견했다. 이 병증을 보이는 1세에서 4세 사이의 아동들은 팔다리와 몸통이 너무나 앙상하여 뼈가 드러나 보일 정도였고, 배만 볼록한 형태를 가지고 있었다. 주로 손과 발에 나타나는 부종과 함께 설사, 체중 저하, 과민 반응, 점막에서의 궤양 등이 관찰되었다. 당시 골드코스트를 포함해서 아프리카 전역에서 관찰되는 재난 수준의 병증이었다. 이는 오늘날까지 아프리카 아동 빈곤과 기아에 관한 사진과 영상에서 주로 그려지는 모습이기도 하다. 윌리엄스 이전에는 비타민 B군에 속하는 니아신(Niacin) 결핍으로 인해 발생하게 되는 펠라그라(pellagra)의 증세로 피부염, 설사, 그리고 사망에 이르는 비타민 결핍 증세로 추정하고 있었다. 그러나 윌리엄스는 자신이 관찰한 병증과 펠라그라는 뚜렷한 차이가 있다고 보았고, 한동안 이 부분을 증명하기 위해 애를 썼다.(Williams, 1940)

먼저, 윌리엄스는 자신이 진찰한 아동 환자들의 병증과 함께 골드코스트 지역의 사회문화적 요인에 관심을 가졌다. 아프리카 여성들은 영유아기 자녀를 양육할 때 유럽의 여성에 비해 모유 수유에 크게 의존했다. 모유 수유는 첫째 아이에 이어 둘째 아이가 태어날 때까지 이어졌고, 두 아이의 출생 간격은 2년을 넘지 않는 경우가 대부분이었다. 모유 수유를 대신할 수 있는 여성 친척이나 주변 이웃이 없다면 동생이 태어나는 시점부터 첫째 아이의 모유 수유는 중단된다. 이 경우 막 젖을 뗀 1세부터 4세 사이의 아동은 주로 옥수수(maize)에 식단을 의존하게 되며, 골드코스트에서 옥수수를 사용한 주된 조리법은 아르카사(arkasa)와 켄키(kenki)이다. 아르카사는 옥수수 반죽을 이용하여 만든 일종의 죽 형태이고 소금과 설탕이 첨가된다. 켄키는 3일 이상의 시간을 들여 조리하며, 물을 첨가하여 절반은 덩어리 형태로 절반은 물에 녹은 형태로 제공된다. 아르카사와 켄키 모두 옥수수를 주재료로 이용하며 영양이라는 측면에서는 매우 미흡한 식단이었다.(Williams, 1933)

성인들은 아르카사와 켄키 이외에도 말린 생선이나 토마토, 양파, 가지 등의 채소를 섭취할 수 있으며 종종 염소, 양, 닭으로부터 육류를 섭취할 수 있었다. 또한 팜유, 코코넛 오일 등에서는 지방을 얻을 수 있었다. 그러나 우유의 경우는 골드코스

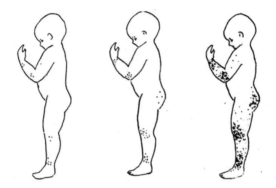

⟨아동의 몸에 발현되는 반점의 형태와 경과⟩ (Williams, 1933, p.427)

트 전반에서 희귀했으며, 일부 값비싼 연유 형태로 판매되는 것을 제외하고는 구하기 어려운 상황이었다. 그 외 바나나, 파인애플, 오렌지, 사탕수수 줄기로부터 섬유질을 섭취할 수 있었으나 풍부하지는 않았으며, 망고, 아보카도 등은 계절적인 한계가 있었다. 그러므로 아동의 경우는 대부분 아르카사와 켄키로만 식단을 제공받았다.(Williams, 1933)

월리엄스가 골드코스트에서 진찰한 여러 아동에게서는 유사한 현상이 나타났다. 설사, 손과 발에서의 부종, 과민 반응과 발작 등이 발생했고, 일주일에서 열흘이 지나면 피부 변질이 일어났다. 진한 검은색 또는 갈색이었던 피부가 붉고 탁한 색으로 변했다. 다만 펠라그라에서 발견되는 피부 건조나 잔털 박리는 없었다. 발목, 무릎, 손목, 팔꿈치 등에 작은 검은색 반점이 나타나며 점차 반점의 범위는 퍼져 갔다. 이러한 반점 발현도 펠라그라와 구별되는 특징이다. 또한 병증의 진행에 따라 입가와 눈가의 피부도 벗겨지기 시작했다. 일반적으로 피부 변질이 일어나는 시점에서 한 달 이내에 사망하게 되며 그보다 더 이른 경우도 많았다. 부검에서 확인된 것은 창백하고 비대해진 간 상태였다.(Willams, 1933; Williams, 1935) 월리엄스는 이를 단백질 영양 장애로 파악했고, 열량(calories) 섭취는

충분하게 이루어졌으나 단백질 결핍에서 발생하는 것으로 파악하여, 열량 결핍에 의해 발생하는 마라스무스(marasmus)와는 구분했다. 한편, 최근 연구에서는 단백질 결핍보다는 단백질 섭취를 방해하는 라이코펜, 비타민 C 등의 미량 영양소 부족이 지석되고 있지만, 정확한 원인은 현재까지도 불분명하다. (Pham et al., 2021)

콰시오코르: 단백질 결핍으로 인한 재난

1933년 논문에서 윌리엄스는 병증을 처음으로 보고한 다섯 사례를 포함하여, 이후 수년간 많은 사례를 정리했으며, 1935년 논문에서는 원주민의 언어를 빌려 동생이 태어난 이후에 버려진 아이라는 의미가 있는 콰시오코르(Kwashiorkor)라는 단어로 이름을 붙였다. (Carpenter, 1994, p.143) 윌리엄스의 발견 이후 수십 년 동안 개발도상국에서 광범위하게 발생하는 영양 결핍으로 인한 아동 사망 사례의 대부분을 콰시오코르로 인식하게 되었다. 2차 세계 대전 이후 등장하는 국제연합 등의 국제기구에서는 이를 재난에 준하는 수준의 영양 결핍 사례로 받아들였다. 1933년 논문에서 소개한 사례는 다음과 같다.

(Williams, 1933)

사례 1—여아. 산모가 출산 4일 후에 사망했기 때문에 60세 정도로 보이는 할머니에 의해서 키워졌다. 여아는 평균보다 작은 체구를 가졌으며 영양 결핍 증상을 보였다. 점차 체중을 잃었고, 기침과 열이 관찰되었고, 다리에 부종이 있었다. 윌리엄스의 병원에서는 정기적으로 진찰하고 약을 처방했지만, 상태는 호전되지 않았으며 피부는 더 검게 변하고, 타액은 산성을 띠었다. 펠라그라와 비슷한 현상은 찾아볼 수 없었다. 체온은 처음에는 불규칙했고, 말라리아 병원균을 찾을 수는 없었음에도 체계적인 퀴닌 처방으로 안정을 찾았다. 다만 피부에 발현하는 검은 반점은 늘어났다. 윌리엄스는 요오드화철, 칼슘 등을 처방했다. 또한, 식단으로는 아르카사, 계란, 오렌지, 바나나 등을 급여했다. 아동은 2개월 정도 병원에 있었으며, 약간의 호전을 보였지만, 결국 사망했다.

사례 2—2세 소두병 남아. 산모는 14세에 아이를 기형으로 출산했다. 2세가 되었을 때 병원을 방문했고, 콰시오코르 증상을 보이고 있었다. 모유 수유는 아이가 18개월이 되는 시점까지 진행했지만 이후 임신으로 인해 중단했다. 팔과 다리의 피부가 벗겨져 있었고, 간과 비장에 이상이 있었다. 아동은 나흘이 지나고 사망했다. 사후 부검에서 영양실조가 관찰되었고, 폐와 심장은 정상이었다. 다만 간은 창백하고 딱딱한 상태로 커져 있었다. 담낭, 비장, 신장의 상태가 좋지 못했다. 사망의 원인은 비타민 결핍으로 보였다.

사례 3 —14개월 남아. 아이가 처음 병원에 왔을 때 산모는 다른 자녀를 임신한 지 7개월 차였다. 대략 4개월 동안 아르카스와 켄키로 식단을 구성했으며 매우 마르고 약한 상태였다. 다리의 부종이 관찰되었고, 등의 표피가 두꺼워져 있었다. 간유, 맥아, 퀴닌을 처방했고, 식단에 과일, 계란, 우유를 포함할 것을 조언했지만 이루어지지 못했다, 2주 후에 더 안 좋은 상태가 되었다. 올리브유를 피부에 발랐고, 간유, 맥아, 퀴닌, 칼슘, 젖산을 처방했다. 또한 과일, 계란, 아르카사, 우유, 토마토, 버터 등을 권했다. 상태는 호전되지 않았고, 병원 방문 이후 3주 지나서 사망했다.

사례 4 —여아. 아이가 생후 3개월 시점에 산모는 다시 임신했고 쌍둥이를 출산했다. 아이에게는 아르카사와 모유가 제공되었다. 생후 10개월에 모유가 중단되었고, 분유를 제공했으나 기본적으로는 아르카사와 켄키가 주된 식단이었다. 6주에 한 번 병원을 방문했을 때 간유, 맥아, 퀴닌을 제공했으며 질병을 막는 것으로 보였다. 그러나 14개월이 되었을 때는 팔과 다리가 붓고, 비장과 간이 커지는 것이 관찰되었고, 타액은 산성이 되었다. 혈액 검사에서 병원균은 발견되지 않았다. 피부 역시 더 검어졌고, 반점도 관찰되었다. 아동은 병원에 있을 때는 완전히 회복된 것으로 보였으나, 퇴원 이후 상태가 악화되었다.

사례 5―여아. 산모는 다른 4명의 자녀를 두고 있었으나 2세가 되기 전에 모두 같은 증상으로 사망했다. 산모는 수유가 항상 어려웠다고 했으며, 병원에서 제시한 식단을 적용하지 못했다. 간유와 맥아가 처방되어 피부의 병변을 늦추는 것으로 보였다. 2세가 되었을 때 집으로 돌려보냈으나, 두 달이 지나고 다시 병원에 방문했을 때는 명백한 질병 상태를 보였다. 아이가 사망한 이후 산모는 아이에게 아르카사와 켄키 이외에 다른 음식은 제공하지 않았다고 밝혔다.

윌리엄스는 영양실조에서 비롯된 아동의 사망 사례를 조사

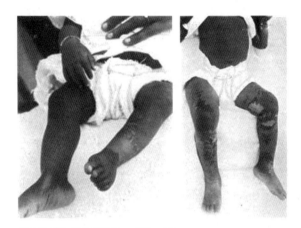

사례 4의 여아, 회복 과정(Williams, 1933, p.429)

사례 5의 여아, 사망 3일 전 사진 (Williams, 1933, p.429)

하여 간유 혹은 저지방 우유 등으로 병증이 호전되는 것을 알 수 있었기 때문에, 옥수수 식단과 관련된 영양 질환이라는 임상 진단을 내렸고 단백질 결핍으로 인한 질병으로 파악했다. 윌리엄스가 보고한 사례는 극히 일부분의 사례이다. 당시 골드코스트 전역에서 만연되어 있던 영양 결핍에서 기인한 사망 사례는 매우 많았다. 안타깝게도 골드코스트 지역에서는 아동들에게 주요한 단백질 공급원이 될 수 있는 우유가 보편적이지 않았다. 윌리엄스가 해당 병증을 단백질 결핍으로 진단하고, 콰시오코르라는 질병명을 붙인 이후 한동안은 여러 비판의 대상이 되었다. 여러 학자는 펠라그라 혹은 지방간을 포함한 기존에 알려진 여러 질병의 한 형태를 착각한 것이라고 비판했다. 이러한 비판의 저변에는 20세기 초반 남성이 지배적인 직업군에서 여성이 새로운 질병명을 제시한 것에 대한 반발이 자리잡고 있었다. 또한 원주민의 언어를 사용하여 질병을 명명하는 것에 대한 어색함도 존재했을 것이다. 그러나 콰시오코르라는 용어는 윌리엄스가 원주민 단어를 채용한 것에 그 의미가 그치지 않고 원주민의 생활 형태와 사회 구성을 관찰하여 반영한 것이었다. 즉, 모유 수유가 중단된 버려진 아이들이라는 의미 속에는 원주민들의 대가족 형태와 연관된 빈곤

에 대한 고려가 포함되어 있었다.(Scott-Smith, 2020, pp.110-112)

영양과 의료, 그리고 발전

음식을 섭취하고 식단을 구성하는 것은 인간의 생존을 위한 기본적인 행위이다. 인간은 생존과 성장을 위해 탄수화물, 지방, 단백질을 비롯하여 여러 영양소를 적절히 섭취하여야 한다. 만일 특정 영양소의 결핍이나 불균형이 있다면 생리적인 차원에서 문제가 발생하게 된다. 다만, 20세기 초반까지는 전염병을 포함한 모든 질병의 원인과 결과를 의학적으로 판정한다는 점에서 굶주림과 기아로 인한 영양실조가 특정 질병을 일으킨다고 인식하지는 않았다. 특히 생활 습관이나 환경 혹은 사회경제적 조건에 따라 섭취하는 주요 영양소의 차이 특히 3대 영양소에 해당하는 탄수화물, 단백질, 지방의 결핍이 건강에 문제를 일으킬 수는 있지만 특정한 질병의 원인으로 보지는 않았다. 20세기 초에 발견된 비타민의 결핍이 각기병과 야맹증과 같은 특정 질환과 연관이 있음이 밝혀졌지만, 이는 섭취하는 음식 전반을 의미하는 식단의 문제는 아니었다. 콰시오코르의 발견은 굶주림과 기아가 질병을 일으킬 수 있다는 점에서, 그리고 그 질병이 재난 수준으로 광범위하게 발생할 수 있다는 시사점을 주었다.

콰시오코르라는 용어가 널리 채택된 것은 윌리엄스가 많은 사례를 축적하고 다양한 비판을 성공적으로 방어했기 때문이다. 윌리엄스가 식민지 사람들의 생활 방식의 하나인 식단의 문제에 주목해서 영양 결핍을 의료문제화(medicalization)하여 질환으로 인정했다는 점은 큰 의미가 있다.(Scott-Smith, 2020) 굶주림과 기아는 단백질 부족이라는 원인에 의해 유발되는 질병을 일으킬 수 있으며, 그 질병을 치료하거나 예방하기 위해서는 식단, 위생, 환경을 포함한 생활 방식을 개선해야 하며 이는 식민지 의료 행정의 확장된 목표가 된다. 그러한 질병이 인간에게 정신적 혹은 신체적 비정상 상태를 통해 고통이나 장애를 야기하고 죽음에 이르게 할 수 있다면, 그 질병의 원인을 병원균이나 바이러스에서 찾는 것과는 달리, 매일의 삶의 방식이 한 부분인 식단에서 단백질의 결핍 상태를 찾아야 한다. 콰시오코르의 발견은 개발도상국에서 발생하는 가장 대표적인 영양 질환을 개선하고 구호하기 위한 노력의 중심에 영양소의 하나인 단백질을 위치시켰다. 향후 수십 년 동안 콰시오코르는 개발도상국에서의 기아 문제를 압축하여 보여주면서,

단백질에 대한 국제적 관심을 불러일으켰다, 이를 통해 전후 선진국들은 개발도상국의 단백질 영양 상태를 개선하기 위한 연구에 많은 자본을 투여했다.

1950년대와 1960년대에 유엔(UN)은 개발도상국에 전 세계적인 단백질 결핍을 강조하고 단백질 결핍을 통해 발생하는 위기의 예방에 관심을 가졌다. 유럽과 미국의 정부 주도 연구 프로젝트는 단세포 단백질 또는 어류 단백질 농축액에서 추출한 고단백 분말을 생산하기 위해 생명공학 기술을 사용하는 등 단백질을 합성하는 첨단 기술 개발에 중점을 두었다.(Lee, 2024) 이에 따라 고도로 가공된 재료에서 추출한 단일 영양소 보충제가 만들어졌고, 식단의 한계를 해결하기 위해 개선된 식단을 사용하도록 장려했다. 미국의 냉전 정책에서도 단백질을 중심으로 한 영양 지식은 중요한 역할을 차지했다. (한봉석, 2024) 1960년대 후반까지 유엔 기구들은 국가 간 영양 환경에서 기인하는 단백질 격차(Protein Gap)를 개선해야 한다고 강조했다.

1970년대 초, 영양 전문가들은 단백질 결핍만으로는 콰시오코르가 발생하지 않으며 다른 주요 영양소의 광범위한 결핍이 이유가 된다고 지적하기 시작하면서 단백질 결핍이 개발도상국의 빈곤층 건강 악화의 원인을 단순화한 설명이라는 사실을 깨달았다. (Johnson, 2008) 흔히 사진이나 영상에서 전달되는 이미지 때문에 기아와 기근 문제에서 콰시오코르와 단백질 결핍 문제가 과장된 측면이 있었다. 1974년 영양학자인 도널드 맥라렌(Donald McLaren)은 단백질에 대한 영양학적 강조가 지나치게 과장되었다고 지적했다. 콰시오코르는 정확한 원인이 무엇인지 확정되지 않았으며, 개발도상국 전체는 물론이고 아프리카 전체에서 발생하는 비중도 알려진 것에 비해서 훨씬 적었다. 콰시오코르에 대한 오해와 단백질에 대한 지나친 강조로 국제사회가 단백질 문제를 해결하는 데 필요 이상의 투자를 하고 있음을 지적했다. 프란시스 무어 라페(Frances Moore Lappe)와 같은 유명 저술가도 개발도상국의 기아 문제를 해결하기 위해서는 단백질보다는 열량을 공급하는 곡물이 더 중요하다는 점을 지적했다. (Lappe, 1971) 이후 영양에 대한 국제적 논의에서 단백질 결핍에 대한 강조는 점차 사라졌다. (Semba, 2016, pp.79-88)

콰시오코르의 발견, 즉 단백질 결핍이 질병으로 이어진다는 윌리엄스의 발견이 영국의 식민지였던 서아프리카 골드코스트에서 이루어졌다는 것은 생각해 볼 문제이다. 유럽인들은

아프리카, 아메리카 신대륙, 아시아에 살고 있는 사람들에게
는 이미 알려진 것을 어렵게 발견(discovery)하는 경향이 있다.
윌리엄스의 콰시오코르 발견도 같은 선에서 이해할 수 있다.
식민 지역에서 의료 지식을 갖춘 관료 혹은 선교사가 식민지
사람들의 생활 습관이나 환경을 이해하고 대응하는 방식은 매
우 특징적이다. 콰시오코르의 발견은 정확한 실험보다는 식민
지 의료인의 관찰에 의해서 이루어졌다. 그 관찰의 대상은 병
증만이 아닌 환자의 사회문화적 환경도 포함하고 있다. 정치
적 혹은 행정적 관료 체제와 의료적 관리 체계가 어느 정도 중
첩되고 그 경계가 흐릿했던 식민지에서 활동한 의료인들은 양
쪽의 문제를 다루면서 자신의 의료 지식을 관료 체제의 영역
까지 확장했다. 그리고 관료 체제의 관리 대상이 되는 식단, 위
생, 환경의 문제를 의료적 관리 체계의 문제로 해석했다. 의료
인들이 파견된 식민지에서 일어나는 행정의 의료화라고 할 수
있다.

콰시오코르는 식민지 사람들의 환경이나 위생 혹은 생활 습
관의 문제를 의료의 문제로 치환한 대표적인 사례이다. 즉 식
민지의 사회문화적 생활 습관을 질병의 원인으로 파악하고,
과학적 실험과 설명은 이를 부분적으로 뒷받침한다. 환경을

개선하고, 위생을 지키고, 생활 습관을 변화시키는 것은 이제는 의료적 차원에서 질병을 예방하거나 치료하는 행위가 된다. 그리고 그 목표는 잘 알려진 바와 같이 식습관을 포함한 서구화된 생활 습관의 확립이며 이는 이후 수십 년간 세계 질서의 한 부분을 차지한 발전 담론의 일부분이 된다.

07

"병은 입으로 들어온다"

—콜레라와 식중독으로 얻은 '식품위생'의 발견

최지희

병은 어디에서 오는가?

중국에는 '병은 입으로 들어오고, 화는 입에서 나온다(病從口入, 禍從口出)'라는 오래된 말이 있다. 중의학에는 병인(病因)에 대한 다양한 이론이 발전했지만, 사람들은 질병이 먹고 마시는 음식과 깊은 관련이 있다고 상상해 왔다는 것을 알 수 있다. 비록 세균의 존재를 몰랐을지라도 주변 환경을 청결하게 유지하고 음식이 상하지 않게 주의하며 끓인 물을 사용하는 조치는 질병을 피하기위해 실천했던 전통적인 방역 방법이었다.

여름철과 장마철에 날이 덥고 습해지면 많은 사람들이 복통과 설사, 구토, 고열, 탈수 증세에 시달리다가 사망하였다는 기록이 있었다. 특히 이러한 질병은 시역(時疫), 온역(溫疫), 온병(溫病)등으로 부르거나 구체적으로 상한(傷寒), 곽란(霍亂), 이질(痢疾), 적리(赤痢) 등의 병명으로 구분했는데 매해 많은 사

〈그림1〉'병은 입으로 들어온다.' 음식을 통해 입으로 들어온 모든 병균을 없애주는 팔괘단(八卦丹) 약광고(《民國日報》, 1928.5.26., p.2.).

〈그림2〉'병은 입으로 들어온다.' 구강소독제 광고(新亞藥廠醫療保健,《申報》, 1944.5.30., p.1.).

망자를 낳았다. 관청에서는 전염병이 발생한 지역을 격리하거나, 질병에 시달리는 빈민에게 약을 나누어 주어 사망자를 줄이기 위해 노력했지만 이러한 대응은 대개 병의 예방보다는 병의 확산을 막기 위한 것이었고, 개인적인 '청결'을 유지하는 데 그치고 있었다.

그런데 19세기 이후 기존의 전염병과는 성격이 다른 새로운 질병이 중국에 유입되면서 대량의 사망자가 발생하게 되었다. 이 새로운 질병은 '곽란'과 증상이 비슷하지만 비교할 수 없을 정도로 전염성이 강하고, 발병 후 사망까지 걸리는 시간이 짧으며 치사율이 높았다. 바로 청나라의 가경(嘉慶) 황제가 통치하던 시기(1796-1820)에 중국의 남방 지역을 시작으로 콜레라가 유입되어 전국적으로 확산된 것이다.

19세기 말 20세기 초 무렵, 중국인을 위협한 질병 중 콜레라, 장티푸스, 이질 등 소화기 전염병이 적지 않은 비중을 차지했는데 특히 콜레라는 재난에 가까운 높은 사망률을 기록했다. 또한 전염병은 아니지만 비슷한 소화기 질환인 식중독, 장염 등도 목숨을 위협하는 질병이었다. 이러한 질병은 주로 청결하지 않은 환경과 오염된 물, 부패한 음식에서 발생하는 유해균 때문에 발생했다. '병은 입으로 들어온다'는 생각은 '세균'이라는 불결하고 눈에 보이지 않는 물질이 입을 통해 몸 안으로 들어온다는 구체적인 상상으로 이어졌고 점차 사람들은 음식과 식품위생의 중요성에 주목하게 되었다.(〈그림1〉, 〈그림2〉). 이 글에서는 중화민국 초기 전염병과 식중독으로 인해 일어난 사망 사건 보도를 중심으로 공공 위생에서 '식품위생'이 중요한 항목으로 자리 잡게 된 모습을 살펴보려고 한다.

시민의 건강을 위협하는 더러운 물과 수인성 전염병

1912년, 중화민국이 건립된 이후 서양의학 교육을 받은 의사들과 영미권 및 일본의 위생행정을 경험한 지식인들은 중국도 위생방역 체계를 하루속히 건립해야 한다고 주장했다. 전염병과 질병을 통제하고 예방하는 위생방역 체계는 근대국가로 나아가기 위해 갖추어야 하는 필수 조건이었다. 특히 식수의 위생, 식품의 위생 관리는 국민의 건강과 직결되는 문제로 손꼽혔다.

그러나 당시 중국은 일부 조계지와 도시를 제외하고 상하수도 시설이 완비되지 않았다. 도시의 경우 물장수들이 외부에서 물을 공급하여 시민들의 식수를 담당했고, 농촌의 경우 식수를 마을의 우물이나 하천에 의존하는 경우가 많았다. 그러나 식수원을 관리하고 오염을 예방하는 통일적이고 구체적인 위생 체계가 아직 없었기 때문에 우물과 하천의 위생을 보장할 수 없었다.

외부인의 시선으로 보았을 때 이러한 '비위생'적인 중국의 환경은 한층 더 위험하게 보였을 것이다. 특히 중국을 방문하거나 중국에 거주하고 있던 선교사들의 기록에서 이러한 생각을 엿볼 수 있다. 이들은 중국인들의 불결한 생활환경, 공공 위생에 대한 무지를 다음처럼 지적했다. "마을에 한 연못이 있는데, 그 연못 한쪽에는 화장실이 있고 온갖 쓰레기가 버려진다. 물 위에는 죽은 개가 떠다니고 … 그 옆에서는 누군가가 연못에서 빨래를 하거나 채소를 씻고 있다."(『The China Medical Missionary Journal』 19-1, 1905) 물론, 중국의 모든 농촌이 마을 내 수질 환경에 관심이 없거나 수질오염을 방치하지는 않았다. 그러나 도시와 멀리 떨어져 지방관이나 지배계층이 관심을 갖지 못하는 가난하고 궁벽한 곳일수록 청결한 환경을 유지하기 힘들었을 것이다.

도시의 상황도 열악했다. 인구가 밀집되면서 식수가 부족했고, 쓰레기 처리가 제대로 되지 않아 도심을 흐르는 강이 심각하게 오염된 경우가 많았기 때문이다. 특히 1842년 이후 조계지가 되면서 갑자기 인구가 급증했던 상하이의 경우 수질오염이 심각했다. 도시의 하수가 아무런 정화 처리를 거치지 않고 상하이를 흐르는 쑤저우강(蘇州江)과 황푸강(黃浦江)으로 배출되어 도심을 흐르는 물을 심각하게 오염시켰다. 황푸강의 지류인 작은 강과 하천은 악취가 진동했다. 이러한 식수원 오염은 수인성전염병이 발생하기 쉬운 환경을 만들었고 시민의 생명을 위협했다.

수인성전염병 중 가장 많은 피해를 입힌 것은 콜레라였다. 본래 콜레라는 인도의 풍토병이었으나 1817년 1차 대유행이 발생하면서 전 세계로 퍼졌고 중국에도 전파되었다. 이후 콜레라는 몇 차례의 팬데믹을 거치며 수많은 사람을 학살했는데 1884년에 로버트 코흐(Robert Heinrich Hermann Koch, 1843-1910)에 의해 콜레라를 일으키는 박테리아가 현미경으로 확인되면서 오랫동안 많은 사람을 잔혹하게 괴롭혀 온 병의 원인이 '세균'이라는 것이 밝혀졌다. 사람들이 콜레라균이 포함된 물이나 음식을 섭취하여 전염되면 설사와 탈수를 반복하게 되며 체내 전해질 부족으로 몇 시간 만에 사망하기도 했다. 상하수도 시설이 미흡하고 인구 밀집도가 높아 수질오염이 심각했던 상하이는 콜레라 유행을 여러 차례 겪어야 했다. 특히 1926년의 콜레라 대유행시기에는 약 3,140명이 전염되었고 그중 366명이 사망할 정도로 피해가 컸다.(吳布林, 2015, p.28)

콜레라뿐만 아니라 장티푸스, 이질 등의 수인성전염병도 오염된 물을 음용하거나 그 물로 음식을 씻는 과정에서 전염되었다. 이 질병들은 콜레라와 마찬가지로 덥고 습한 여름에 자주 발생했고 전염성이 강했다. 중의학에서는 여름철에 발생하는 외감성 열병과 소화기 질환을 상한(傷寒)이라고 칭했는데, 발열과 복통, 설사 등 비슷한 증상 때문에 장티푸스(Typhoid Fever) 역시 상한(傷寒) 혹은 장상한(腸傷寒) 등으로 표기했다. 이질(痢疾)은 적리(赤痢), 시리(時痢)라고도 부르며 역시 주로 여름철에 자주 발생하는 전염성을 가진 소화기성 질환으로 인식되었다. 서양의 의학자들에 의해 장티푸스가 살모넬라(Salmonella Typhi)균에 의해 발생하고, 이질 역시 시겔라(Shigella)균에 의해 발병한다는 것이 밝혀졌고, 이 사실은 중국인들에게 물과 음식의 청결을 유지하는 일이 매우 중요하다는 것을 깨닫게 했다. 말레이시아 화교 출신 의사로 영국에서 전염병과 세균학을 전공한 우롄더(吳連德)는 전염병을 막기 위해서는 환경의 청결을 유지하는 일이 중요하며 지방의 위생 당국이 물과 각종 음식이 청결한지 조사해야 한다고 호소하기도 하였다.(『東方雜志』 12-2, 1915, pp.5-10)

콜레라, 장티푸스, 이질 등의 전염병은 해마다 많은 사망자를 발생시켰다. 1937년 8월 《신보(申報)》의 기사에서는 더운 여름의 상하이에서 발생한 장티푸스와 이질의 발병률과 사망률이 높았음을 볼 수 있다. 한 주에만 장티푸스 발병이 35명이었고 그중 23명이 사망했으며, 이질 환자는 46명이 발병하고 4명이 사망했다.(《申報》, 1937.9.21.) 같은 해 9월의 기사에서는 공공보건국의 격리병원에서 보고한 사망자 수를 알 수 있다. 9월 10일부터 19일 동안 콜레라와 이질 환자 중 총 277명이 사망했다.(《申報》, 1937.8.8.)

프토마인 중독과 식중독의 위험성

식중독으로 인해 중태에 빠지거나 사망하는 사례도 신문과 위생 당국의 주목을 받았다. 식중독은 흔히 부패하거나 오염된 음식으로 인해 일어났고 '프토마인 중독'이나 '음식 중독'으로 설명되었다. 식중독은 콜레라나 장티푸스와 같이 전염성이 강하고 치사율이 높은 질병은 아니었지만, 환자를 중태에 빠뜨리고 심각한 경우 사망에 이르기도 했다. 또한 오염되고 청결하지 못한 음식 때문에 일어난다는 점은 콜레라나 장티푸스, 이질 등과 같았고, 여러 사람이 같은 음식을 먹고 동시에 발병할 가능성이 높았다. 특히 식중독은 노점상, 음식점, 식품 공장 등에서 판매하거나 조리, 생산하는 음식 때문에 발생하는 경우가 많아서 도시 전체의 위생과 관련된 중요한 문제이기도 했다.

부패한 음식으로 인한 식중독은 한때 프토마인 중독(Ptomaine Poisoning)으로 설명되기도 했다. 프토마인은 부패 작용에 의하여 육류의 단백질이 분해되어 발생하는 독성 물질을 의미하며 이 물질에 중독되면 구토, 복통, 설사에 시달리다가 사망하게 된다고 한다. 현재에는 식중독이 주로 살모넬라 세균, 보툴리누스 세균, 포도알 세균 등 세균성 독소에 의해 일어나는 것으로 밝혀져서 '프토마인'이라는 용어를 쓰지 않지만, 1900년대 초반 중국의 신문 기사에는 식중독을 프토마인 중독, 혹은 시독(屍毒)으로 설명하는 경우가 있었다. 예를 들어 1923년 5월 11일, 《The North-China Daily News》의 기사에서는 찰스 워크먼의 식중독이 프토마인 중독 때문이라고 추정하기도 했다.

홍콩에서 전해진 소식에 따르면, 찰스 워크먼(Mr. Charles Workman) 씨의 사망은 프토마인 중독으로 인한 것으로 추정된다. 그는 4월 24일 고베에서 열린 'St. George's Day ball'에 참석했는데, 그날 먹은 게 요리가 프토마인 중독의 원인으로 보인다. … 홍콩에 도착하면 병원에서 치료받을 수 있을 것으로 기대했으나 상태가 점점 악화되어 5월 1일에 사망했고 바다에 매장되었다.(《The North-China Daily News》, 1923.5.11., p.14)

1934년, 의학 잡지 『동인의학(同仁醫學)』은 일본의 경시청위생검사소장이었던 미쿠모 류자부로(三雲隆三郎)의 '음식물중독설명(飮食物中毒槪況)'을 번역해서 소개했는데 여기에서도 식중독의 원인을 '프토마인'으로 인식하고 있었다.

음식물로 인한 중독 사건은 매해 셀 수 없이 발생한다. … 동경 경시청의 최근 3년간 통계(1930-1932)에서 196건, 중독자는 3,656명, 그중 사망자는 38명이었다. 기타 경증자와 미처 파악되지 않은 경우까지 더하면 그 수는 더욱 많을 것이다. 매년 5, 6월과 가을 사이에 가장 많이 발생하며 중독 원인이 되는 음식물도 다양하다. 중독 사건의 대부분은 소수 세균성 중독을 제외하면 결국 음식물의 부패가 일으킨 Ptomaine(屍毒) 중독이 약 70%를 차지한다.(『同仁醫學』7-4, 1934, pp.68-70)

이후 식중독이 '프토마인' 중독으로 인해 일어난 것은 아니며, 보툴리누스 간균과 같은 세균이 원인이 된다는 사실이 밝혀졌다. 특히 1930년대 세균학과 미생물학의 발전으로 살모넬라, 리스테리아, 보툴리누스 균이 발견되면서 프토마인은 점차 의학적 용어로 사용되지 않게 되었다. 중국의 1930년대 신문 기사에서도 식중독의 원인이 프토마인이 아닌 특정 세균이라는 사실을 보도했다. 《The China Press》는 1912년 12월 15일 자 기사에서 더럼대학(University of Durham)의 세균학 교수인 허친스(Dr. H. J. Hutchens)의 연구를 인용하며 식중독의 원인은 프토마인 중독이 아닌 세균 때문이라는 점을 설명했다.(《The China Press》, 1912.12.15., p.14) 톈진(天津)에서 발행된 《대공보(大公報)》의 1934년 10월 2일 자 기사에서도 식중독을 자세히 설명하면서, 1895년 벨기에의 미생물학자 에르멩겐(Van Ermengen)이 식중독의 원인이 되는 균에 '소시지 독균(보툴리누스 간균, Bacillus Botulinus)'이라는 이름을 붙였으며 오래된 육류나 통조림에서 발생한다는 설명을 볼 수 있다.(《大公

報》(天津), 1934.10.2., p.3) 물론 일부 신문 기사에서는 여전히 식중독을 프토마인이나 시독 등으로 설명하는 경우도 있으나 그러한 사례는 점차 줄어들게 되었다.

식중독으로 인해 중태에 빠지거나 사망하는 사건은 콜레라나 장티푸스와 같은 전염병처럼 주목받지는 못했지만 도시 위생의 문제를 지적할 때 중요한 소재로 등장했다. 특히 비위생적 습관, 장례식이나 결혼식에서 오염된 음식을 나누어 먹는 경우, 비양심적인 식당 때문에 발생하는 사례가 많았다. 1930년대 상하이에서 발행된 다음 신문에서는 이러한 식중독 사례를 확인할 수 있다. 1934년 11월 29일 자《The North-China Daily News》의 기사는 상하이 지역의 한 식당에서 함께 저녁을 먹은 중국인 10명이 전날 밤 식중독으로 인해 사망했는데 모두 가난한 자들이었고, 식당 주인이 이 사실을 알고 도주했다고 전했다.(《The North-China Daily News》, 1934.11.29., p.15) 1934년 11월 28일 자《The North-China Herald and Supreme Court & Consular Gazette》의 기사는 저장성(浙江省) 닝보시(寧波市)의 한 중국인 결혼식에서 대형 식중독 사건이 발생하여 신랑을 포함한 140여 명이 병원에 입원했으며 그중 3명이 사망했다고 전했다.(《The North-China Herald and Supreme

Court & Consular Gazette》, 1934.11.28., p.15) 1939년 9월 1일 자 《The Shanghai Times》의 기사도 중국인들의 장례식에서 발행한 식중독 사고를 보도했다. 상하이 프랑스 조계에서 약 21명의 주민이 집단 식중독에 감염되었는데 원인은 장례식에서 나누어 먹은 음식으로 추정되었다.(《The Shanghai Times》, 1939.9.1., p.4)

비슷한 시기 《신보》에서도 식중독 사건 보도를 찾아볼 수 있다. 1937년 6월 23일 기사에는 음식을 나누어 먹고 단체로 식중독 증상을 일으킨 사건이 실렸다. 상하이 오송구(吳淞區)의 한 비단 가게에서 음식을 함께 먹은 직원 8명이 동시에 심한 복통을 호소하며 구토와 설사를 하고 모두 의식을 잃어 중태에 빠졌다. 가게의 주인 왕영춘(王詠春)이 의사를 불러 진찰한 결과 식중독으로 밝혀졌고 이들이 먹은 음식은 오이 고기 볶음, 황어(黃魚) 등의 요리로 현재 당국이 조사 중이라고 전했다.(《申報》, 1937.6.23., p.16) 1947년 7월 8일 자 기사에서는 푸젠루(福建路) 160번지 6호에 있는 한 면포점에서 가게 주인 양우산(楊雨山)과 제자 이진문(李晉文), 구효숭(邱曉嵩), 이배축(李培竺) 등이 함께 식사를 한 뒤 갑자기 혼수상태에 빠졌고, 인제병원(仁濟醫院)으로 이송되었으나 결국 양우산(楊雨山)이 사망하여 부검과 조사를 진행하였다.(《申報》, 1947.7.8.)

식품위생단속과 안전한 중국만들기

이상의 콜레라, 장티푸스, 이질 등의 전염병 확산, 식중독 사
건에서 공통적으로 지적되는 것은 중국인 거주지의 불결한 환
경과 사람들의 낮은 위생 의식이었다. 전통적으로 중국에서
'음식'은 약식동원(藥食同源)이라는 말처럼 양생 및 건강과 관
련이 깊었다. 그러나 이는 모두 개인의 건강을 위한 것이었고
'음식'이 사회 공공의 건강이나 위생과 연결되지는 않았다. 그
러나 전염병이 유행하고 그 원인이 오염된 물이나 부패한 음
식의 세균으로 밝혀지면서 음식 위생과 식품위생 단속은 점차
공공 위생과 사회 전체의 건강을 위한 중요한 요소가 되었다.

민국 초기 중국 사회의 정치적 혼란과 전쟁, 이로 인한 물가
폭등은 안정적인 식품 공급을 어렵게 만들었고 식품위생에 악
영향을 미쳤다. 위생 당국은 여름철에 자주 발생하는 각종 전
염병과 식중독 문제에 주의를 요청하며 특히 개개인이 음식
위생에 특별히 주의할 것을 당부했다. 1915년 6월 10일, 《The
China Press》의 기사에 의하면 1915년 상하이시의 위생국 보

조관이었던 A. 무어 박사(Dr. Mr. Moore)는 위생국의 월간 보고서에서 여름철 건강을 지키기 위해 특별히 식품위생에 주의를 기울일 것을 당부했다.

더운 날씨가 시작되니 매년 대중에게 치명적인 식중독을 피하기 위한 위생 지침을 제공해야 한다. … 위생국은 도축장, 시장, 식품점, 낙농장 등을 엄격히 감독하여 대중의 식품 공급을 보호하는 데 매우 주의를 기울이고 있으나, 부주의하고 위생 지식이 낮은 중국인 하인들이 음식 구매와 준비, 조리를 맡으면서 위생 당국의 노력이 무효로 돌아가고 있다.(《The China Press》, 1915.6.10., p.2.)

또한 그는 식품을 판매하는 중국인 행상들을 규제하고 검사해야 하는 이유를 설명하기도 했다. 가난하고 비위생적인 떠돌이 중국인 행상들이 판매하는 식품이 질병을 퍼뜨리며, 이러한 무허가 행상이 정규 식품업자들의 상거래를 방해하고, 범죄를 은폐하는 수단으로도 사용되기 때문이었다. 조계지 당국이 최근 행상들의 '면허료 인상 철회 요구'를 거부한 이유도 무분별한 식품 판매가 중국인들 사이에 질병을 퍼뜨리는 원인이라고 여겼기 때문이었다. 그는 과일과 같은 날음식을 판매하는 상인들이 허가된 시장 안에서만 식품을 판매하도록 제한되어야 하며, 그들의 상품은 철저한 위생 검사를 받을 수 있도록 해야 한다고 주장했다.

중국인들도 비위생적인 식품의 단속이 필요하다는 것을 주장하고 있었다. 특히 상하이의 경우 조계지의 환경에 비해 중국인들이 거주하는 화계(華界)는 불결하고 악취가 끊이지 않는다는 불만이 많았다. 중국인들이 가는 시장에는 생선, 고기, 채소에 파리떼가 들끓고, 전염병에 걸려 도축된 가축의 고기가 아무런 통제 없이 판매되고, 식당의 더러운 주방에서 음식이 조리되어 나오고, 과자나 빵, 청량음료를 제조하는 공장은 오래된 재료를 사용하거나 녹슨 깡통을 사용하여 식품을 포장한다는 비난이 끊이지 않았다.

중화민국이 건립된 초기에 아직 위생 제도가 확립되기 전부터 '음식 위생'의 중요성과 식품위생 단속의 필요성이 제기되기 시작했다. 예를 들어 1916년 6월 26일부터 28일 동안 톈진(天津)에서 발행된 《대공보(大公報)》에 게재된 기사는 미국 뉴욕의 위생국이 실시하는 요식업 종사자를 대상으로 하는 신체검사 제도를 예로 들어 중국의 식품위생 단속의 필요성을 촉구하였다. 이미 1915년경 뉴욕의 위생 당국은 호텔에서 일하는 종업원과 주방장, 시장에서 음식을 판매하는 상인, 제빵사 등의 신체검사를 추진하기 시작했고, 1916년까지 약 14,000명을 검사하여 200명이 전염병에 걸린 것을 확인할 수 있었다고 하였다. 또한 앞으로 요식업에 종사하는 사람은 반드시 신체검사 증명서를 소지해야 한다는 규정이 생겼다. 이러한 조치는 뉴욕의 위생 예방 측면에서 매우 큰 효과를 발휘했다고 평가받았다. 저자는 열악한 중국의 위생 의식과 환경을 뉴욕과 비교하며 질병을 예방하기 위해서는 개선이 필요함을 호소했다.

음식은 사람의 삶에 필수적인 요소이고, 식당은 음식을 제조하는 장소이다. 위생을 말하려면 반드시 음식의 신선함과 청결함을 추구해야 하며, 식당의 청결함은 중요한 문제이다. … 중국의 식당은 문을 열고 들어가면 바로 주방이 있고, 주방에는 석탄 연기, 기름 냄새가 가득하고, 장작, 더러운 물통 등이 어지럽게 놓여 있다. 조리대 위에서 아무리 좋은 재료로 요리를 만들어도, 바닥은 더럽고 찌꺼기가 가득하다. 이런 환경에서 정말 깨끗한 음식을 만들 수 있을까? 주방 사람들을 생각해 보면, 흰옷을 입었지만 온몸에 기름때가 잔뜩 묻어 있어 옷이 흰색인지 알 수 없을 정도이다. 검은 옷을 입은 사람은 기름때로 옷이 반짝거리고, 오랜 세월 동안 기름때가 쌓여 마치 기름으로 코팅된 옷이 된 듯 보인다. 고급 식당이라 할지라도, 손님이 앉는 자리나 서빙하는 종업원만 조금 깨끗할 뿐, 주방은 여전히 더럽기 그지없다. 노점상들은 더 말할 것도 없다. 그들이 음식을 만드는 장소를 한번 생각해 본 적이 있는가? 노점상들은 대부분 가난한 사람들이며, 여러 명이 한 방에서 자거나, 한 사람이 여덟 명의 가족을 부양해야 하는 경우도 있다. … 따라서 그들이 음식을 만드는 환경은 당연히 열악할 수밖에 없으며, 청결함은 고려할 여유가 없다. 그들은 좁은 방에서 먹고 자며, 심지어 용변도 해결한다. 그런 환경에서 음식을 만드는 도구들도 깨끗할 리없다. 이런 환경에서 만든 음식이 깨끗할 수 있을까? 식당과 노점상이 이러하니, 사람들이 병에 걸리고 약해지지 않을 수 있겠는가?《大公報》(天津, 1916.6.26.; 1916.6.28., p.14.)

1920년대까지 중국은 아직 정치적인 혼란이 지속되고 전문인력, 인프라 등이 갖추어지지 않아 통일된 위생 정책이 실시되기 힘들었다. 그러나 오염된 물과 음식이 전염병과 식중독을 일으키는 주요 사망 원인의 하나라고 인지하고 있었고 식품위생과 관련된 초보적인 정책이 시도되었다. 1927년 장제스의 남경국민정부가 등장하기 전, 베이징에는 군벌이 정권을 잡은 북양정부(北洋政府)가 존재했다. 북양정부에는 아직 독립된 위생행정 기관이 없었고 내무부의 위생사(衛生司)와 경찰청을 통해 식품위생 단속을 시도했다.

1917년 6월, 베이징의 경사경찰청은 「관리음식물영업규칙(管理飲食物營業規則)」을 통해 식당, 주점, 노점상 등 음식을 판매하는 장소의 위생 단속 실시 방안을 발표했다. 이 규칙은 음식물과 주방 환경, 조리 도구의 청결 상태를 검사하고 단속한다는 내용을 담고 있었다.(《大公報》(天津), 1916.7.25., p.10) 1919년에는 방역처(防疫處)에서 위생과 관련된 여러 추가 방안을 제시했는데 노점상 단속과 음식 위생 관리가 포함되었다. 특히 여름철에 노점상이 판매하는 과일, 빙수, 두부는 위생에 해롭기 때문에 판매가 금지되었고, 음식점에서는 반드시 음식위에 방충망을 덮어 파리와 먼지를 막게 하였고 어길 경우 벌금을 부과하였다.(《大公報》(天津), 1919.7.14., p.10)

1927년 난징국민정부가 수립되고 위생부가 설치된 후에는 식품위생을 감독하는 각종 규정이 제정되면서 음식과 관련된 위생 방침도 다양한 영역으로 확장되었다. 식수, 육류, 채소,

청량음료, 우유, 과자, 빵, 잼, 간장, 두부 등의 제조와 판매 과정의 위생 검사와 단속이 시행되었다. 식중독의 주요 원인으로 지목된 육류의 경우 「도축장규칙시행세칙(屠宰場規則實施細則)」, 「육류감정기준(肉類鑒定之標准)」, 「돈지감정기준(豚脂鑒定之標准)」, 「계란감정기준(卵鑒定之標准)」 등을 통해 가축을 위생적으로 관리하고, 검역을 통해 전염병 여부를 확인하고 위생적인 도축 환경을 마련하게 되었다.(『衛生公報』 2-1, pp.197-199; pp.201-208) 유제품도 중요한 위생 단속 대상이 되었다. 개항 초기, 중국에는 유제품 산업이 발달하지 않았고 살균 시설과 냉장 시설도 미비했기 때문에 유제품은 거의 수입에 의존했고 조계지의 서양인이나 중산층 이상의 중국인이 이를 소비했다. 그러나 우유의 영양 가치가 주목받고 중국 자체의 우유 산업이 성장하기 시작하면서 우유를 소비하는 중산층 이하의 중국인들이 급증하게 되었다. 특히 영아와 아동의 성장에 우유가 필수적이라는 인식이 확산되면서 우유 소비는 지속적으로 증가했다. 그러나 우유도 육류와 마찬가지로 부패하기 쉽기 때문에 관리가 까다로운 식품이었다. 국민정부는 「우유영업단속규칙(牛乳營業取締規則)」, 「우유감정기준(牛乳鑒定之標准)」을 마련하여 우유를 검사했고, 유제품을 가장 많이 소비하는 지역의 하나였던 상하이 시에서는 「상하이 특별시 위생국 우유 판매소 관리 규정」을 마련하여 우유의 세균 검사와 품질관리를 했다. 중앙위생시험소(中央衛生試驗所)와 중앙위생실험처(中央衛生實驗處), 중앙방역처, 영양연구소 등에서는 식품의 성분을 분석하고 세균 검사를 통해 식용 가능 여부를 결정하는 등의 위생 업무를 실시하기도 했다.(吳布林, pp.120-127)

식품위생 지식의 홍보와 깨끗한 손

이상의 식품위생 단속 규정은 식품업자들이 부패한 식품을 생산하고 유통하는 것을 막는 일차적인 방안이 되었다. 그러나 더 광범위한 효과를 발휘하고 위생 의식을 향상시키기 위해서는 대중을 향한 교육과 홍보가 필요했다. 남경정부는 1927년부터 1937년까지 약 10년 동안 16차례의 위생운동대회를 개최하였다. 정부의 위생 홍보와 강연, 신문과 여론을 통한 홍보, 라디오 방송 등은 대중의 식품위생 의식을 높이는데 크게 기여했다.

식품위생 지식을 대중에게 홍보하는 일에는 민간 사회단체의 역할도 컸다. 국민정부가 추진한 위생운동에 민간 사회단

체도 적극적으로 참여했는데 대표적으로 상하이 시에서 결성된 '중화위생교육회'의 활동을 꼽을 수 있다. '중화위생교육회'는 1922년 중국박의회, 중화의학회, 중화기독교청년회 등이 모여 공동으로 조직한 단체로 대중에게 위생 상식을 보급하는 일에 힘썼다. 중화위생교육회는 다양한 방식으로 대중에게 공공 위생을 홍보했는데 각지에서 강연, 영화 상영을 실시하고 『위생계간』, 『토요일의 위생이야기』라는 자체 출판물을 발행하여 위생 지식을 전파하였다. 특히 잡지, 신문은 위생 관련 전문 지식을 전달하기 위한 중요한 수단이었고 위생에 관심이 많은 지식인 계층과 학교, 회사 등 각계에서 구매했다.(吳布林, pp.137-138)

당시 신문과 잡지에는 식품위생과 관련된 다양한 주제의 글이 게재되었다. 식품위생과 전염병과의 관계, 외국의 식품위생 단속의 성과와 우수성, 정부에서 시행하는 위생 단속 규정, 식중독으로 인한 사망 사고, 콜레라, 장티푸스, 이질, 식중독과 식품위생의 관계, 식품 영양과 건강, 올바른 식품 보관법, 청결한 주방 관리법, 불량 식품의 종류, 아동 위생과 음식의 관계 등 공공 위생과 개인위생을 망라한 다양한 지식이 신문을 통해 대중에게 전달되었다.

〈그림3〉 "치명적인 콜레라 전염주의!"   〈그림4〉 "노점상의 불결한 음식을 먹지 말자."

어린이나 여성, 하층 노동자 등을 위해서는 단순한 글, 그림이나 사진을 통해 식품위생의 중요성을 홍보하기도 했다. 아래의 그림은 1931년 『중국위생잡지』에 실린 것으로 노점상이 파는 비위생적인 음식을 섭취하면 콜레라, 이질, 식중독에 걸릴 수도 있다는 것을 간단한 글과 그림으로 다음처럼 알기 쉽게 전달하였다.

"구명(救命): 콜레라[진곽란(眞霍亂)]의 구토와 설사는 빠른 시간 내에 사람이 죽을 수 있을 정도로 치명적이다. 콜레라 전염은 여름과 가을의 환절기에 가장 흔히 발생하니 생명을 중시하는 자는 주의하라. 〈그림 3〉

길거리에서 판매하는 과일에 파리떼가 있으면 아이에게 사먹이지 않는다. 과일을 먹을 때는 반드시 껍질을 제거하고 깨끗한 물에 씻은 후 먹는다. 그렇지 않으면 복통이나 기타 콜레라, 이질에 걸릴 위험이 있다. 〈그림 4〉

더운 여름이 곧 시작되고 파리나 모기가 날아다니니 각 주방에서는 청결에 주의해야 한다. 악취가 나는 어육(魚肉)은 피하고 채소는 많이 먹어도 무방하다. 물은 반드시 끓인 후에 마시고 과일을 생식하지 말라.

갑자기 복통과 구토가 발생하면 이는 음식에 신중하지 않았

〈그림5〉 손의 위생과 질병예방의 연관성을 설
명하는 글《新聞報》1939.1.16.,p.16.

〈그림6〉 "비누를 사용해서 손을 깨끗이 씻어
야 한다."《中央日報》1931.11.8., p.8.

〈그림7〉 이화위생비누의 광고. 비누가 위생을
지킬수 있는 필수품이라고 광고하고 있다.《申
報》1936.10.20.,p.22.

〈그림8〉 이화위생비누의 광고. 주방의 청결
과 비누의 필요성을 강조한다.《新聞報本埠附
刊》1936.3.8.,p.10.

기 때문이다. 여름철의 음식은 특히 조심해야 한다."(『中國衛生雜志』 28, 1931, p.1)

　개인의 위생습관을 개선하고 질병을 예방하는 가장 기본적인 방법은 음식을 만드는 사람과 먹는 사람이 손을 청결하게 유지하는 것이었다. '손의 위생'은 세균을 없애고 식중독을 예방하기 위한 가장 기본적인 위생 상식으로 교육되었다. "손에는 세균이 있어서 음식을 먹기 전에 반드시 손을 잘 씻어야 한다. 그렇지 않으면 음식을 먹을 때…세균이 입에 들어가고 질병을 일으키기 때문이다."〈그림 5〉, "식사 전과 음식을 만지기 전에는 반드시 비누와 더운 물을 사용하여 손을 깨끗이 씻어야 한다. 이는 개인의 환경위생에서 가장 중요한 것이다…." 〈그림 6〉 이러한 '손의 위생'의 중요성은 비누 광고에서도 활용되었다.

　　"우리 아기, 손이 또 더러워졌구나. 어서 이화위생약비누로 손을 씻자. 이 비누는 세균을 없애준다. 밥을 먹기 전에는 반드시 손을 씻어야 하는 것을 기억하렴."- 이화비누는 품질이 우수하고, 살균 능력이 탁월하여… 병균이 침범할 수 없습니다. 〈그림 7〉

요리사는 반드시 이화위생비누를 사용해야 합니다.

'양부인, 당신 가정부의 음식 솜씨가 훌륭하네요. 게다가 매우 청결해요.'

'별 말씀을요. 저는 손을 씻는 것을 가장 중요시해요. 주방에도 항상 이화위생약비누를 두고 가정부에게 자주 손을 씻게 하지요. '"〈그림 8〉

'손을 씻어서 청결과 위생을 유지하자'는 생각은 국민과 어린이를 대상으로 하는 계몽과 교육은 물론이고 비누와 같은 위생상품의 광고를 통해서도 반복되었다. '이화위생약비누(利華衛生藥肥皂)'의 광고에서도 음식의 조리와 섭취에 앞서서 손을 청결하게 해야 한다는 위생 상식이 재현되는 것을 볼 수 있다.

'식품위생'의 발견과 성과

지금까지 음식과 식품 위생이 개인적인 '양생'과 청결의 차원을 넘어 공공 위생에서 중요한 위치를 차지하게 되는 모습을 살펴보았다. 콜레라, 이질, 장티푸스 그리고 식중독 등의 질병은 수많은 사망자를 낳았고 중국인들의 열악한 위생상황을 증명하는 증거처럼 사용되었다. 그러나 이러한 죽음들은 먹고 마시는 모든 음식이 '위생'과 깊은 관련이 있다는 사실을 인식하게 했고, 도시의 비위생적인 식수원과 음식위생 환경을 개선하는 계기가 되었다. 특히 난징국민정부 시기 시행된 식품위생 단속은 눈에 띄는 변화를 가져왔다. 도시의 하천, 동물의 도축, 음식을 조리하는 식당, 길가의 음식 노점상, 음식을 제조하는 공장 등의 불결한 환경을 단속하고 개선하기 시작했고, 주방의 청결과 소독, 손씻기 등 일상생활의 위생 실천으로도 이어졌다. 이러한 '식품위생'의 발견은 전염병의 확산을 막고 식중독을 방지하여 결국 전체 시민의 위생 수준과 삶의 질을 높이고 부강한 중국을 만들게 된다는 인식으로 발전하게 되었다.

08

어떤 중국인의 이름 없는 죽음

—중일전쟁과 콜레라 팬데믹

김승래

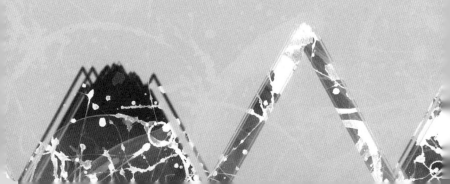

어떤 중국인의 죽음에 얽힌 질문들

'중국인이 콜레라 증명서를 팔다가, 죽다(Chinese Sells Cholera Certificates, Dies)'. 1938년 7월 6일 상하이의 영자 신문인 《노스 차이나 헤럴드(North-China Herald, NCH)》에 실린 어떤 기사의 제목이다. 일면 무미건조하면서도 또 한편으로는 기묘하기까지 한 이 기사의 내용은 제목에서 설명하는 그대로이다. 기사에 따르면, 6월 27일 저녁 이름을 알 수 없는 중국인 쿨리(coolie)가 콜레라 백신을 20회나 접종받은 뒤 상하이 푸둥 지역에서 심부전으로 사망하였다.

이 짧은 기사는 다양한 의문이 떠오르게 한다. 예를 들어 왜 이름도 알 수 없는 중국인의 죽음이 외국인들을 대상으로 할 영자 신문에까지 실렸는지, 또는 왜 그는 콜레라 백신을 20회나 접종받은 끝에 죽음에 이르렀는지와 같은 질문들이다. 특히 코로나19 팬데믹을 이제 막 벗어난 2024년의 시점에서, 백신의 과다 접종과 그에 따른 죽음이라는 키워드는 또한 의미심장하게 다가올 수밖에 없다. 무엇보다도, 애초에 '콜레라 증명서'라는 건 대체 무엇인가?

이처럼 혼란스럽게 몰려드는 질문들 속에서 무언가 나침반이 되어 줄 만한 것을 찾는다면, 아마도 1938년, 상하이, 중국인, 콜레라라는 키워드일 것이다. 우선 1938년의 상하이라는 시대적 배경은, 전간기의 끝, 다가오는 제2차 세계대전, 그리고 중일전쟁과 상하이 전투라는 격전을 이미 경험하고 피폐해진 도시의 이미지를 떠오르게 한다. 한편 그 속에 살고 있던 중국인, 특히 중국인 쿨리는 임노동에 종사하는 중국인을 말하며, 희생자의 사회경제적인 위치를 짐작할 수 있게 해 준다. 마지막으로 콜레라는 오염된 환경과 그 속에서 빠르게 퍼져 나가기 쉬운 치명적인 전염병의 위험을 말해 준다.

따라서 우리는 위의 기사를 통해, 중일전쟁의 혼란과 유럽에 감도는 전운 속에서 상하이라는 도시에 빠르게 퍼지기 시작한 치명적인 전염병인 콜레라의 위험과, 이에 노출된 빈곤한 중국인 임노동자의 삶이라는 하나의 정리된 이미지를 뽑아 낼 수 있다. 그리고 그러한 이미지를 나침반 삼아 위의 기사를 다시 살펴본다면, 우리는 다시금 역사적 기록 너머로 어렴풋하게 보이는 과거의 모습이 있다는 것을 알게 된다.

이 글은 1938년 이름조차 밝혀지지 않은 어떤 중국인의 사망 소식에 관한 기사를 출발점으로 삼아, 그가 살았던 시대와 사회, 그리고 그의 삶의 모습을 더듬어 보고자 하는 시도이다. 이름조차 알려지지 않은 이 중국인 노동자의 죽음을 통해서 우리는 무엇을 알 수 있을까.? 한정된 단서를 이용하여 볼 수 있는 과거의 모습에는 분명 한계가 있겠지만, 그럼에도 한 개인이 살아간 시대와 사회의 모습을 재현하는 것에는 의미가 있다. 만일 현재를 살아가는 우리의 삶이 과거의 것이 된다면, 미래의 역사가들도 마찬가지로 우리의 삶을 통해 과거를 이해하고 현재를 살아가는 지침으로 삼을 것이기 때문이다.

1930년대, 상하이, 그리고 중일전쟁

1) 상하이 공공조계: 동아시아의 코스모폴리탄 시티

마도(魔都) 상하이라는 말이 있다. 그 유래에 대해서는 몇 가지 설이 있는데, 그중에는 1924년 발간된 일본의 작가 무라마쓰 쇼후(村松梢風)의 상하이 기행문인 『마도(魔都)』에서 처음 유래했다는 설도 있다. 실제로 무라마쓰의 기행문에서 유래한 이름이 아니라고 해도, 그를 비롯해 많은 작가들이 1920년대부터 1930년대의 상하이에 대해 한편으로는 찬양하고 한편으로는 두려워하였다. 그야말로 '마의 도시'인 것이다. 상하이라는 도시는 왜 그렇게 많은 작가들의 영감을 불러일으키는 도시가 되었을까? 이에 대해서 알기 위해서는, 먼저 19세기의 동서양 문명의 충돌이었던 아편전쟁으로 돌아갈 필요가 있다.

1840년에 발생한 아편전쟁의 결과, 동아시아의 맹주였던 청의 조정은 그때까지 서양 오랑캐로만 생각한 영국의 요구를 받아들여야만 하게 되었다. 이에 따라 1842년 8월 29일 체결된 것이 중국 최초의 불평등조약인 난징조약이다. 물론 당시에는 불평등조약이라는 개념도 희미하였고, 청 조정의 입장에서는 서양 오랑캐가 '생각보다는 조금 더' 군사적으로 뛰어난 것 같으니, 이대로 전쟁을 계속하기보다는 요구를 들어주어 혼란을 종식시키는 게 이득이라는 시각이 강했다. 그러나 난징조약의 결과 광저우·샤먼·푸저우·닝보·상하이의 5개 항구가 대외 무역을 위해 개항되었고, 이를 통해 시작된 불평등조약 체제는 이후 중국만이 아니라 동아시아의 역사를 영원히 바꾸었다고 할 수 있을 것이다.

공공조계의 중심지 상하이 와이탄(外灘)

이렇게 개항된 상하이에는 이윽고 영국과 프랑스, 미국의 상인들이 거주하며 무역을 할 수 있도록, 개항장을 포함한 '조계(租界)'라는 구역이 설정되었다. 상하이의 조계에서는 외국인 상인들이 스스로 대표를 선출하여 자치 행정을 운영하는 것이 허용되었다. 또한 조약에 의거하여 중국 내의 외국인들은 '치외법권(治外法權)'을 적용받았는데, 이것은 이 외국인들이 중국 내에서도 중국의 법이 아닌 자국의 법률에 근거하여 재판을 받을 수 있는 권리를 의미하였다.

이처럼 각종 특권의 비호를 받으며, 조계는 빠른 속도로 성장해 갔다. 특히 1860년대 청을 국가적 위기 상황으로까지 몰고 간 반란인 태평천국운동을 통해 수십만의 피난민들이 조계로 들어오자, 상하이는 이미 1860년대 초에 수십만의 인구를 자랑하는 대도시로 성장하였다. 또한 같은 시기 영국 조계와 미국 조계가 합병하여 공공조계(International Settlement)가 출범하면서, 훗날 동아시아에서 가장 국제적인 도시들 가운데 하나가 되는 상하이의 모습이 조금씩 나타나기 시작하였다. 이 시기 상하이를 상징하는 가장 대표적인 이미지로 꼽히는 것이 바로 강변에 즐비하게 늘어선 유럽식 마천루와 터번을 쓰고 제복을 입은 인도인 시크교도 순경의 사진이다. 마천

루에서는 급격한 인구 증가 속에서 이룩한 빠른 도시화를, 도로 한복판에 선 시크교도 순경의 모습에서는 동서양의 사람들이 어우러져 살아가는 국제도시의 일면을 읽어 낼 수 있다.

2) 1930년대와 중일전쟁: 전간기에서 전시로

아마도 당시 상하이에 살고 있던 유럽과 아메리카 출신의 부유한 상인들은 상하이가 영원히 발전할 것이라 느꼈을 수도 있다. 실제로 상하이는 큰 혼란 없이 계속 발전하였다. 상하이는 1911년 청을 무너뜨리고 새로운 공화 정부를 세운 신해혁명의 혼란 속에서도 안전하였으며, 뒤이어 이어진 2차, 3차 혁명에서도, 중국을 혼란으로 몰고 간 군벌들의 전쟁 속에서도 안전한 구역으로 남아 있었다. 심지어 먼 중국의 해안에 있었기 때문에, 전 유럽이 전란에 휘말린 제1차 세계대전의 영향도 최소한으로 그쳤다. 상하이에서 살았던 외국인들 사이에 이른바 '굿 올드 상하이(good old Shanghai)'의 노스탤지어가 1945년 상하이 반환 이후에도 남아 있던 것은 이와 같은 지속적이고 안정적인 발전에서 나왔다고 볼 수 있을 것이다.

그럼에도 불구하고 영원할 것 같았던 성장은 어느 시점이 되면서 정체와 혼란에 빠지게 되었다. 1925년 5월 30일에는 상

하이의 일본계 방적 공장에서 발생한 중국인 노동자들의 노동
쟁의를 상하이 공공조계 경찰과 방위 의용군이 무력으로 진압
하면서 사상자가 발생하였고, 이것이 더욱 큰 대규모 시위로
이어졌다. 5·30운동이라고 불리는 이 일련의 반제국주의 운동
에서, 상하이는 가장 중요한 지역이었다. 이 사건을 처리하는
과정에서 공공조계 인구의 대부분을 차지하던 수십만의 중국
인들은 비로소 조계의 자치행정에 자신들의 대표를 선출할 수
있는 권리를 획득하였으며, 그 외에도 많은 불평등이 시정되
었다.

한편 1927년에는 장제스의 국민혁명군이 조계를 제외한 상
하이 전역을 점령하는 데에 성공하기도 하였다. 당시 중국은
정부는 있었으나 각지의 군벌 세력들이 서로를 견제하며 각축
을 벌이고 있는 군벌 시대의 한복판을 지나고 있었다. 광둥에
있던 중국국민당은 국민혁명군을 창설, 베이징의 군벌 정부를
타도하는 북벌(北伐)을 실시하였다. 이 과정에서 국민혁명군
이 상하이에 접근하자 상하이의 공산주의자들이 이에 호응하
여 쿠데타를 일으켰으나, 철저한 반공주의자였던 장제스는 오
히려 공산주의자들을 무력으로 진압하도록 하기도 하였다.

경제적으로도 이 시기는 정체의 시기였다. 상하이의 경제

규모 자체는 계속 커졌으나, 공공조계 공부국은 도시의 자치 행정에 들어가는 비용을 점차 감당하기 어려워졌다. 문제의 원인은 막대한 치안 유지 비용이었다. 공부국 경찰의 예산은 지속적으로 증가하였는데, 1930년경에 이미 공부국 전체 예산의 절반 정도를, 1940년경에는 전체 예산의 3분의 2 정도를 차지할 정도였다. 이처럼 기하급수적으로 늘어나는 치안 유지 비용에 대해, 공부국은 각종 면허 및 허가 발급 비용 및 부두의 이용료 등의 일반적인 세금 이외에도, 본래는 허용되지 않았음에도 불구하고 조계 외부에서도 수도 특별세 등 각종 세금을 징수하여 중국의 지방행정 당국과 자주 충돌하였다.

이렇듯 혼란과 정체가 이어지는 가운데, 마치 쐐기를 박듯이 발생한 사건이 바로 중일전쟁이었다. 그 전조는 우선 1932년의 제1차 상하이사변이라고 불리는 사건을 통해 볼 수 있다. 1931년 만주에서 일본 관동군의 자작극으로 발생한 남만주철도주식회사 소유 철도의 폭파 사건을 계기로, 관동군은 만주 전역을 장악하였다. 이러한 가운데 중화민국 정부가 1932년 1월 26일 계엄령을 선포하고 상하이 공공조계 인근에 군을 동원하자, 다음 날 일본 역시 공공조계 내 일본 조계 지역을 이용하여 다수의 병력을 배치하였다. 1월 28일 양군이 결국 공공조계 인근 지역에서 충돌하였고, 3월 초까지 공공조계 인근은 치열한 전장으로 변했다.

이후 중국군이 철수하면서 무력 분쟁은 일단 종결되었으나, 해결된 것은 아니었다. 일본은 국제연맹에서 탈퇴하고 만주국을 세우며 침략 야욕을 드러내었고, 이 과정에서 상하이도 다시 전장이 될 수밖에 없는 운명이었다. 결국 1937년 7월 7일 베이징에서 루거우챠오 사건(蘆溝橋事件)을 통해 다시 중일 간의 무력 분쟁이 재개되자, 8월에는 상하이에서도 양군이 다시 충돌하는 제2차 상하이사변이 발생하였다. 결국 양군이 더욱 큰 군사력을 투입하기에 이르자, 무력 분쟁은 실질적인 전쟁 상태로 확대되었다. 결국 베이징과 상하이에서의 전투가 중일 전쟁의 시발점이라고 볼 수 있는 것이다.

이 글에서 다루는 시공간적 배경은 바로 이러한 지점에 있다. 중국인과 외국인 간의 불평등과 중국인 노동력의 착취, 불평등을 시정하려는 중국인들의 노력과 통일된 공화 정부를 세우기 위한 북벌의 과정, 1932년과 1937년의 상하이사변과 뒤이은 실질적 전쟁 상태로의 돌입은, 1938년의 어떤 중국인의 죽음을 더 잘 이해하기 위한 배경지식을 우리에게 제공해 준다.

다섯 가지 질문들

1) 첫 번째 질문: 그는 왜 백신을 맞았나?

다시 1938년 7월의 기사로 돌아가자. 앞서 언급하였듯이 기사에서는 사망한 중국인의 이름도, 살던 집의 주소나 심지어 나이조차도 밝히지 않았다. 편의상 'A 씨'라고 칭하도록 하자. 우리가 이 A 씨에 대해 알 수 있는 것은 그저 그가 쿨리, 즉 중국인 임노동자이며 아마도 금전을 목적으로 20회나 콜레라 백신을 접종받은 뒤 심부전으로 추정되는 증상으로 푸둥 지역에서 사망하였다는 내용뿐이다.

이처럼 정보가 부족한 상황에서도 한 가지 명확한 점은 그가 '콜레라 백신'을 접종받았다는 사실이다. 임노동으로 생활하는 이 가난한 중국인은, 어째서 콜레라 백신을 맞아야 하였을까? 당연하게도 그 이유는 콜레라의 광범위한 유행에 따른 팬데믹 상황 때문이었다. 상하이와 같은 대도시에서 전염병은 피할 수 없는 것이었지만, 그중에서도 콜레라는 특히 곤란한 문제라고 할 수 있는 질병이었다. 1947년의 한 연구에 따르면 1880년부터 1946년의 사이 상하이에서만 콜레라의 유행이 총 13차례나 존재했다.(範日新, 1947) 이것은 콜레라균에 오염된 물이나 음식을 통해 전염되는 콜레라의 전염 방식 때문이었다. 오염된 물을 통해서 쉽게 전파된다는 특징 때문에, 상하수도가 제대로 갖추어지지 않은 지역에서 콜레라는 매우 빠르게 확산될 수 있었다.

상하이도 예외는 아니었다. 본래 상하이는 남중국의 습지에 위치하여, 지역 내에 크고 작은 수로가 곳곳으로 뻗어 있었다. 이후 조계가 설치되면서 인구가 급격히 증가하였고, 조계를 중심으로 한 도시화가 빠르게 진행되었다. 자연히 그 과정에서 상하수도의 문제가 제기되어, 1883년부터는 외국계 상수도 회사가 설립되어 조계 내에 상수도를 공급하였다. 또한 조계 외부에서도 1897년부터는 중국계 상수도 회사가 최초로 설립되어 조계 인근 지역에 상수도 공급을 시작하였다.

한편 조계 내의 하수도는 1852년에 처음 계획 및 설치되었으며, 상하이의 크고 작은 수로들을 이용하는 방식을 택했다. 이른바 조력 하수도라고 부르는 방식으로, 하천의 수위와 물의 흐름을 이용하여 하수를 운반하고 하수도를 청소하는 방식이었다. 그러나 이러한 방식은 사실 인구가 적고 배출하는 하수가 적을 때에만 적절한 방식이었다. 급격한 인구 증가는 하수 배출량의 폭증을 가져왔고, 조력 하수도 체계로는 이를 다

감당하기 어려울 정도가 되었다. 이러한 상황 속에서 공공조계 공부국은 1904년부터 조계 내 수세식 화장실을 전면 금지하는 고육지책을 택하기도 하였는데, 이는 수세식 화장실이 대량의 오폐수를 그대로 현존하는 조력 하수도를 통해 내보내기에 하천 오염을 가속할 수 있기 때문이었다.

이처럼 상하이의 기후와 도시 인프라의 문제점은 콜레라의 반복적인 유행을 설명해 준다. 실제로 1938년에도 콜레라의 대유행이 있었다. 공공조계에서는 1938년 6월 21일 공식적으로 콜레라 팬데믹이 선언되었다. 그런데 이 대유행은 1938년에 갑작스럽게 시작되었다기보다는, 최초 1937년 8월 말 발견된 중국인 확진자를 통해 시작된 콜레라 확산이 더욱 폭발적으로 전파된 결과라고 볼 수 있다. 한 연구에 따르면 감염자의 수는 공공조계로 한정할 경우 1937년에만 1,881명을 기록하였으며, 그 가운데 389명이 사망하면서 10만 명당 사망률이 31.9%를 기록하였다.(유연실, 2024) 또한 같은 연구에 의하면 1938년에는 그 확산 속도가 더욱 빨라져, 감염자 수 8,053명에 사망자는 1,727명으로 10만 명당 사망률은 무려 141.7%에 달했다.

1937년과 1938년 상하이에서 콜레라가 급속히 확산된 데에는 크게 두 가지 이유가 지목되었다. 첫 번째는 당연하게도 물이었다. 공공조계의 신문에는 하천의 오염과 제대로 된 급수 설비의 부재가 수질 관리를 통한 전염병 확산의 예방을 지극히 어렵게 하였다는 기사가 게재되기도 하였다.(《NCH》, 1939. 3. 29.) 더 큰 영향을 미친 것은 바로 전쟁이었다. 제2차 상하이 사변의 결과 상하이는 물론 인근 지역 전역에서 9만여 명의 피난민이 공공조계와 그 주변 지역으로 유입되었다. 1937년과 1938년 당시 콜레라 방역의 기본적인 방침은 백신 접종이었으나, 미접종 인원이 끊임없이 유입되어 방역 정책의 입안과 실행을 곤란하게 하였다. 또한 이렇게 유입된 난민들은 전투로 파괴된 지역 내에 위치한 난민 수용소에서 생활하였기 때문에, 이들 대부분이 쉽게 오염된 환경을 통해 전염병에 노출되었다.

2) 두 번째 질문: 왜 스무 번이나 맞아야 했나?

이처럼 콜레라가 만연한 상황에서 당국의 지시에 따라 백신을 접종받는 것은 생존을 위해서라도 당연한 일이었을 것이다. A 씨는 비록 중국인 임노동자라는 신분이었으나, 당시 방역 정책 집행자들의 입장에서는 그런 것에 관계없이 최대한 많은 인원에게 백신을 접종시킬 필요가 있었을 것이다.

공공조계 중국인 거리의 생활상

그렇다면 이어지는 질문은 자연스럽게 "왜 하필이면 스무 번이나 접종받았는가?"로 이어질 것이다. 한두 번도 아니고 스무 번이라면, 면역력 획득이 아니라 다른 무언가가 목적이었을 것이라는 점은 쉽게 추측할 수 있다. 그렇다면 A 씨는 전쟁과 콜레라 팬데믹의 한복판에서 면역력이 아닌 무엇을 목적으로 하여 백신 접종을 반복한 것일까?

　처음 언급한 1938년 7월의 기사에는 일본 점령군 당국이 이 사건에 대해 밝힌 짤막한 견해가 기록되어 있다. 이에 따르면 당국은 A 씨의 목적이 백신 접종을 통한 면역력 획득이 아니라 '금전적 이익(lucre)'으로 보인다고 밝혔다. 백신 접종과 금전적 이득이 쉽게 연결되지 않겠지만, 여기에서는 백신 미접종자를 통제하기 위한 일본 점령 당국의 정책을 함께 살펴볼 필요가 있다. 일본 점령 당국은 1938년 6월부터 백신 접종자에게 증명서를 발급하고, 이 증명서가 없으면 공공조계 인근 홍커우(虹口)의 일본군 점령 지역에 출입할 수 없도록 하였다. 이 조치는 계속 확대되어, 증명서가 없으면 사실상 자유로운 통행이 금지되는 수준에 이르렀다.

　이것은 당연히 백신 접종률을 증대하기 위한 정책이었지만, 상황이 의도된 대로만 흘러가지는 않았다. 많은 사람들이 위조된 통행증을 암시장에서 구매하였으며, 경우에 따라서는 실제로 자신의 백신 접종 증명서를 판매하는 사람도 있었다.(《NCH》, 1938. 8. 3.) 결국 아마도 A 씨의 신분을 고려해 볼 때, 그가 무려 20회나 백신을 접종받은 이유는 실제로 경제적 이유였을 가능성이 크다. 당시 방역 당국의 통행 제한 조치를 회피하기 위해 위조 통행증이나 백신 접종 증명서를 구매하려는 수요가 높았을 것이기 때문에, A 씨는 백신의 위험성에 대해서는 명확히 모른 채 쉽게 돈을 벌기 위해 반복적으로 백신을 접종받았을 것이다.

3) 세 번째 질문: 왜 중국인이었나?

1938년의 상하이 콜레라 팬데믹이 치명적이었던 데에는 중국인과 외국인을 가리지 않고 감염자가 발생했다는 점도 큰 영향을 미쳤다. 예를 들어 1938년 8월 한 달 사이에 공공조계 내에서 사망한 외국인은 총 49명으로, 그중에서 전염병 사망자는 25명이며 그 대부분은 콜레라가 원인이었다. 또한 특징적인 점은 외국인 콜레라 사망자 중 일본인들의 비율이 높았다는 점이다. 상술한 1938년 8월의 외국인 사망자 49명 중 26명이 일본인이었으며, 1938년 7월 말에는 상하이에 정박 중이던 일본적 선박 내에서 42명의 감염자가 발생, 그 가운데 12명이 사망하기도 하였다.

이처럼 콜레라 사망자가 중국인과 외국인을 가리지 않고 있었다면, A 씨는 왜 하필이면 중국인이었을까? 이상한 질문처럼 보일 수도 있지만, 이 질문이 살펴보고자 하는 지점은 그럼에도 불구하고 왜 중국인이 더 취약하였는가, 라는 질문에 있다. 상술한 바와 같이 1938년의 콜레라 팬데믹은 외국인에게도 치명적이었지만, 실질적으로 사망자의 대다수는 중국인이었다는 점에서 분명한 차이가 존재했다. 우리는 A 씨의 죽음을 둘러싼 정황을 알아봄으로써, 당시 중국인과 외국인 사이에 어떠한 격차가 존재했는지 알 수 있다.

A 씨가 사망한 장소로 돌아가 보자. 그가 사망한 푸둥(浦東) 지역은 공공조계의 부두와 외국계 상사들이 밀집한 번드[Bund, 지금의 와이탄(外灘)]에서 강을 건너면 나오는 곳이다. 이곳은 조계에 포함되는 지역은 아니었으나, 이전부터 외국인들이 공장을 운영해 오던 지역이기도 하였다. 따라서 푸둥에는 조계에 거주하지는 않지만 조계의 경제에 의존하여 생활을 유지하는 중국인들이 다수 거주하고 있었다.

상하이 전투는 조계를 제외한 상하이 전역을 휩쓸고 지나갔다. 많은 중국인들이 전투를 피해 조계로 유입되거나, 상하이 곳곳에 설치된 난민 수용소에 수용되었다. 그렇지 않은 사람들은 전투로 황폐해진 도시 속에서 어떻게든 생존해야만 하였다. 반면 외국인들은 사정이 달랐다. 홍커우를 중심으로 한 기존의 일본인 거주 지역은 인근의 자베이(閘北) 등 중국인이 주로 거주하는 지역에 비해 비교적 전투의 영향을 덜 받았다. 그래서 많은 일본인들은 여전히 도시 인프라의 보호를 받을 수 있었다. 상하수도, 음식물의 냉장 보관, 전기 등, 팬데믹 속에서 어느 정도 안전한 생활을 보장받을 수 있었기 때문에, 일본인들은 팬데믹의 영향도 중국인들에 비해 덜 받을 수 있었다. 조계의 유럽과 아메리카 출신 외국인들도 마찬가지였다. 비록 조계 외부의 도로망이며 인프라 설비는 전투로 파괴되었지만, 조계 내부에는 전투의 피해가 미치지 않았다. 이 시기 상하이는 일본 점령 지역 속의 외로운 섬과 같은 상태라고 하여 이른바 '고도(孤島)' 시대의 상하이라고 불렸지만, 바로 그랬기 때문에 전쟁으로부터 도시의 필수적인 시스템을 유지할 수 있었다.

안타깝지만 푸둥은 조계의 외부였다. 아마도 A 씨는 홍커우의 일본인들이나 공공조계의 외국인들이 누리던 것과 같은 도시 인프라의 보호를 거의 받지 못했을 가능성이 높다. 그를 질병에서 보호해 주던 것은 어쩌면 스스로의 면역력 하나뿐이었을지도 모른다. 만일 그가 중국인이 아니라 일본인이나 영국인이었다면 상황은 달랐을 수 있지만, 그런 '행운'은 존재하지 않았다.

4) 네 번째 질문: 사회는 왜 그의 죽음을 막지 못했나?

만일 A 씨의 죽음이 결국 백신의 과다 접종에 의한 심부전이라면, 백신 접종을 추진한 일본 점령군 당국은 왜 사전에 이를 방지하지 못했을까? 동일한 사람이 스무 번이나 백신을 접종받았음에도 불구하고 그것을 걸러내지 못했다는 것은 약간 이상하게 보이기도 한다. 여기에는 몇 가지 이유를 생각해 볼 수 있다.

가장 먼저 생각할 수 있는 것은 행정력의 문제일 것이다. 상하이 전투 이후 일본은 이 지역을 상하이 특별시로 개편하여 관리하기 시작하였다. 이 시기 점령군 당국은 항일 선전의 단속 등 정보 통제 공작과 함께, 특히 상하이 전투 이후 빠르게 확산되는 중이던 콜레라를 통제하기 위한 의료 지원에 심혈을 기울였다. 그 내용은 앞에서 말한 바와 같은 백신 접종이었다.

그런데 도시 하나를 가득 채울만한 인구를 대상으로 백신을 접종한다는 것은 말처럼 쉬운 일이 아니다. 현재로 잠시 돌아와, 코로나19 팬데믹 당시를 떠올려 보자. 방역 태세가 잘 정비되고 국가의 행정력이 빠르게 총동원되었던 한국에서도 백신 접종은 굉장한 양의 인력과 자원을 소모하였다. 아파트 단지 한 곳의 인구에게만 접종한다고 하더라도, 그 지역에 거주하는 사람들의 명단, 연령에 따른 위험도의 구분, 백신 종류의 선택 문제, 백신의 운반과 보존, 백신을 접종할 장소와 동선의 구성, 접종을 실시한 인원의 차출 문제 등 무수한 문제를 처리해야만 한다. 만일 이런 문제를 해결할만한 인력, 자원, 또는 인프라 설비 등이 부족하다면, 백신 접종은 제대로 이루어질 수 없다.

당시 점령군 당국이 상당히 심혈을 기울였던 만큼, 백신 접종 자체는 비교적 성공적이었다. 1939년 3월 기준으로 당국은 약 76만 건이나 백신 접종을 실시하였다. 당시 상하이의 전체 인구가 약 120만 정도였다는 점을 고려하면, 76만 건이라는 수치는 적지 않다.

그럼에도 불구하고, A씨의 사례는 이 76만 건의 백신 접종이 반드시 76만 명에 대한 백신 접종을 의미하는 것은 아니었다는 점을 보여준다. 즉, 당국은 최대한 백신 접종 인원을 늘리는 데에 집중했을 뿐, 정밀하게 그 과정을 관리할 만한 여력은 없었다. 그 이유는 물론 전쟁이었다. 상하이 전투로 조계 주변이 파괴되면서, 이 지역에 존재하였던 중국의 지방 행정 기구들도 파괴되거나 소실되었다. 이것은 단순히 행정 기구가 사라졌다는 것을 의미하는 것이 아니라, 이 행정 기구가 관리하고 있던 많은 정보들과 자원들 역시 사용하기 어려워졌다는 것을 뜻한다. 점령군 당국은 이러한 정보들과 자원들을 최대한 복구하고 흡수하여 이용하였을 테지만, 여전히 A씨와 같이 반복적으로 접종을 받는 사례를 걸러내지도 못하였고, 백신 접종 증명서나 위조 통행증이 암시장에서 거래되는 것을 막지도 못하였다.

5) 다섯 번째 질문: 그의 죽음은 무엇을 남겼나

여기서 잠시 정리해 보도록 하자. A씨는 전쟁으로 황폐해진 푸둥에 거주하는 중국인 쿨리였기 때문에, 금전적 문제로부터 자유롭지 못했다. 그런데 그는 1937년부터 시작되어 1938년에는 팬데믹 수준에 도달한 상하이의 콜레라 확산 속에서 기회를 발견한다. A씨는 일본 점령 당국의 통행 제한 조치를 이용하여, 백신 접종 증명서를 몰래 팔아 금전적 이득을 취하고자 하였다. 전쟁의 혼란 속에서 일본 점령군 당국 역시 백신 접종 과정을 철저하고 엄밀하게 관리할 수는 없었기 때문에, A씨는 그 허점을 노려 실제로 스무 번이나 접종을 받을 수 있었다. 그러나 그 결과, 그는 아마도 백신 접종 과다에 의한 면역 이상이 원인으로 짐작되는 심부전 때문에 사망하고 말았다.

A 씨의 사례에서 우리는 무엇을 알 수 있을까? 또는, A 씨의 죽음이 약 90년의 시간을 넘어 2024년의 현재를 사는 우리에게 남긴 것은 무엇일까? 그것은 아마도 '재난'으로서의 전쟁과 팬데믹의 경험일 것이다. 1937년의 제2차 상하이사변과 1938년의 상하이 콜레라 팬데믹은, 거의 같은 시기에 발생하였다는 점에서 연결하여 생각할 수 있으며, 또한 동시에 A 씨의 사례를 통해 개인의 삶에 영향을 미치는 '재난'으로도 생각할 수 있다. 이는 전쟁과 팬데믹의 재해에 가까운 압도적인 영향 아래에서도 개개인의 삶은 유지되어야만 하기 때문이다.

A 씨는 전쟁으로 파괴된 상하이 푸둥에서 생존하기 위해 20회의 백신 접종을 무릅썼다. 그가 콜레라 백신의 의미와 메커니즘을 얼마나 이해하고 있었을지는 미지수이지만, 적어도 그가 생존하기 위해 몸을 아끼지 않았다는 것만은 분명하다. 콜레라 팬데믹은 분명 위기였지만, 그에게는 오히려 하루를 더

살아가기 위한 기회이기도 하였다. 그것은 A 씨가 특별히 더 용기 있는 사람이었기 때문은 아닐 것이다. 개인의 삶을 파괴하는 전쟁과 팬데믹이라는 두 가지 재난이 동시에 닥친 속에서도, A 씨는 단지 하루를 더 살아가기 위해 할 수 있는 것을 하려고 했을 따름이었다.

이러한 부분은 A 씨를 일종의 난민으로서 생각하게 한다. 현대사회에서 난민은 여러 요인에 의해 살던 곳을 떠나 다른 국가로 피신한 사람들을 의미하지만, 또 한편으로는 개인의 삶을 파괴하는 강대한 재난으로부터 삶을 보존하기 위해 기존의 일상을 포기한 사람들이라고도 볼 수 있을 것이다. 달리 말하면 난민은 앞으로의 삶을 보존하기 위해 지금까지의 삶을 포기한 자들이기도 하다. A 씨가 어떻게 살아왔는지는 알 수 없으나, 그는 전쟁과 팬데믹 속에서 살아남기 위해 기존의 삶을 포기하고 백신 접종 증명서를 암거래하는 생활을 택했다.

결국 난민을 난민으로 만드는 것은 삶을 파괴하고 개인이 일상을 포기하게 만드는 압도적인 힘, 재난이다. 이러한 힘에 맞서 개인의 삶을 지키고 난민들이 일상을 회복할 수 있도록 하기 위해서는 무엇이 필요할까? A 씨에게 다양한 사회적 안전망의 보호가 작용했을 경우를 한번 상상해 본다면, 상황이 많이 달랐을 것임을 알 수 있다. A 씨가 스무 번이나 백신을 접종받는 것을 당국이 사전에 적발할 수 있을 만큼 행정력과 자원이 충분했다면, 아니 그럴 의지가 있었다면, 그리고 만일 A 씨가 백신 접종 증명서에 의존하지 않아도 될 만큼 기본적인 생활필수품의 지원이 이루어졌다면 말이다.

결론적으로 안정적이고 평등한 사회 시스템은 개개인의 삶과 일상을 유지하며, 특히 거대한 재난을 당해 일상이 파괴되더라도 그 회복을 지원할 수 있을 것이다. 우리는 A 씨의 죽음과 그 죽음을 둘러싼 다양한 역사적 배경들 속에서 이러한 내용을 확인할 수 있다.

재난 속에서의 삶을 상상하기

'디스 워 오브 마인(This War of Mine, 2014)'이라는 PC 게임이 있다. 이 게임은 유고슬라비아 전쟁 등 동유럽의 내전을 모티브로 하여, 내전 중인 가상의 국가에서 하루하루 일상을 살아가는 사람들의 모습을 보여준다. 플레이어는 전쟁 속을 살아가는 한 개인을 움직여, 먹고 자고 바람을 피하는 가장 기본적인 욕구들을 채우는 한편, 그 과정에서 한정된 자원을 두고 다른 생존자들과 다투거나 때로는 나보다 약한 생존자들로부터 자원을 빼앗기도 하며 생존에 골몰한다. 이러한 묘사가 보여주는 잔인한 현실성 때문에 게임은 높은 평가를 받았다. 이 게임에 높은 점수를 준 사람들은 플레이 도중에 마주친 어떤 장면을 가장 인상적이고 힘들었던 사례로 거론한다. 그 장면은 식량이 부족해진 플레이어가 어떤 노부부의 집에 숨어들었을 때이다. 플레이어는 충분히 노부부 둘을 다 제압할 힘과 체력은 물론, 무기도 있다. 노부부는 많은 식량을 가지고 있지만, 플레이어를 제압할 능력이 없다. 플레이어는 생존을 위해 노부부가 가지고 있는 식량을 모조리 가지고 갈 수 있다. 그렇게 한다면 노부부는 전쟁 속에서 굶어 죽고 말 것이지만, 그러지 않으면 자신이 굶어 죽을 판이다.

이 게임을 플레이한 사람들은 이 장면을 일종의 딜레마로 표현한다. 생존과 윤리 사이에서의 고민을 수시로 강요받기 때문이다. 그런데 A 씨의 죽음과 함께 생각해 본다면, 이 장면은 또한 재난이 개인의 삶을 파괴하였지만, 그 속에서도 여전히 삶이 이어진다는 점을 보여주고 있기도 하다. 결국 중요한 것은, 재난 속에서도 설령 파괴되고 비틀어졌을지언정 삶은 계속 이어진다는 점일 것이다.

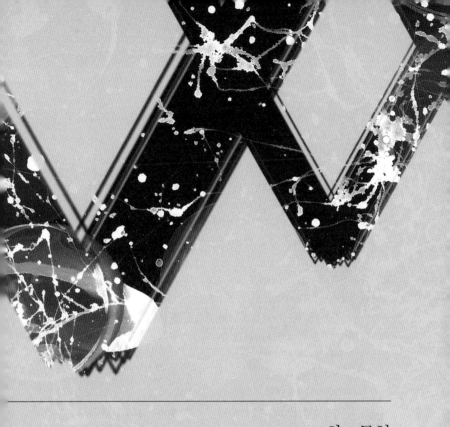

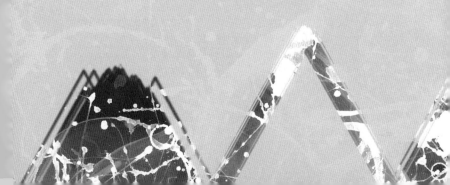

★참고문헌★

깊은 물 속의 울림 / 조민하

경향신문, 「세월호 민간잠수사 지원 '김관홍법' 4년만에 국회 통과 "왜 이제야. 눈물이 쏟아진다」, 2020.5.20.

광주MBC뉴스, 「세월호 민간잠수사 김관홍 씨 숨져」, 2016.6.18.

궁금한이야기Y 320회, 「"어떤 재난에도 국민을 부르지 마십시오" 故김관홍 잠수사」, 2016.7.1.

김탁환, 『거짓말이다』, 2016.8.5.

김탁환, 『그래서 그는 바다로 갔다』, 2017.6.17.

뉴스타파, 「세월호 의인, 故김관홍 님의 명복을 빕니다」, 2016.6.18

뉴스타파, 「김관홍 잠수사를 기리는 박주민 의원의 추도사」, 2016.6.18.

뉴스타파, 「뉴스타파 목격자들: 세월호 민간잠수사, 끝나지 않은 이야기들」, 2017.6.30.

세월호 유가족방송 416 TV, 「고 김관홍 잠수사 4주기 문화제」, 2020.6.17.

시사IN, 「〈거짓말이다〉를 쓴 김탁환 작가 [세월호 10년, 100명의 기억-85], 2024.3.31.

주권방송, 「故 김관홍 잠수사 "저희는 아직도 아이들을 찾고 있어요"」, 2016.6.18

cpbc뉴스, 「故 김관홍 잠수사의 당부, 세월호가 남긴 숙제들」, 2020.4.16.

한겨레, 「세월호 민간잠수사 김관홍 씨 숨진 채 발견」, 2016.6.17.

JTBC, 「뒷일을 부탁합니다. 다시 떠올리는 고 김관홍 잠수사」, 2017.3.24.

YTN, 「대통령실, '이태원 참사' 대통령 첫 보고 시간 11시 3분으로 정정」, 2022.12.14.

경향신문, 「이태원 참사 희생 딸 대신 청년들에게 '밥 한 끼'」, 2024.06.16.

경향신문, 「이태원 대신 홍대로…실시간 도시데이터로 본 핼러윈 주말 번화가」, 2023.10.29.

국정조사 특별위원회, 『용산 이태원 참사 진상규명과 재방방지를 위한 국정조사 결과보고서』, 2023.1.

더퍼블릭, 「이태원 참사는 제2의 세월호 참사?…권성동 "비극을 정쟁의 도구로 삼겠다는 민주당"」, 2022.11.04.

매일경제, 「이태원서 돌아오지 못한 딸의 생일날…159명 식사 기부로 슬픔 견딘 엄마」, 2023.10.25.

서울&, 「이현숙, "신부님, 세 그릇 먹었습니다"…3천원 김치찌개, 4년간 5만 청년 이용」, 2021.12.31.

연합뉴스, 「"아수라장, 압사할 것 같다" 112신고에 뒷짐진 경찰」, 2022.11.01.

연합뉴스, 「尹 "막연하게 다 책임? 현대사회서 있을 수 없는 얘기"」, 2022.11.01.

이해수, 「금기가 된 카니발과 애도의 위계 : 우리는 왜 이태원 참사를 애도하지 못하고 있는가」, 『문화과학』 113, 2023.

정원옥, 「애도를 위하여: 10·29 이태원 참사」, 『문화과학』 113, 2023.

중앙일보, 「"거리 폭 3.2m"에 尹 말문 막혔다…새벽 동선도 실시간 공개」, 2022.10.30.

중앙일보, 「이태원 참사 입 연 이상민 "나도 사표내고 싶지 않겠나"」, 2022.11.12.

한겨레, 「왜 놀러 갔냐고 묻는 폭력…"뭘 하다 죽으면 괜찮은 겁니까"」,

2022.11.16.

한겨레, 「'이태원 참사' 박희영 구청장 1심 무죄…이임재 실형과 대비」, 2024.09.30.

소리 없이 끔찍한, 느린 재난 / 최성민

YTN, 「'가습기살균제' 원료 위험성, 제조사는 알고 있었다?」, 2016.4.20.

가습기살균제사건과 4·16세월호참사 특별조사위원회, 『가습기살균제참사 종합보고서』, 2022.

가습기살균제사건과 4·16세월호참사 특별조사위원회, 『끝에서 시작하다 : 가습기살균제 반려동물 피해기록』, 2021.

경향신문, 「'가습기살균제' 신현우 전 옥시대표 징역6년 확정… 존 리는 무죄」, 2018.1.25.

경향신문, 「'1심 무죄' 가습기살균제, 항소심에서 유죄로 뒤집혔다」, 2024.1.11.

그린포스트코리아, 「"가습기 살균제 전세계에서 우리나라만"」, 2016.4.26.

뉴시스, 「'가습기살균제' 옥시는 유죄, SK케미칼·애경은 무죄…왜?」, 2021.1.12.

박진영, 「덜 알려진 재난」, 홍성욱 외, 『대한민국 재난의 탄생』, 동아시아, 2024.

박진영, 『재난에 맞서는 과학』, 민음사, 2023.

안종주, 『빼앗긴 숨』, 한울, 2016.

오마이뉴스, 「가습기살균제가 죽인 딸… 저는 '4등급' 아버지입니다」, 2016.08.05.

이상만, 「가습기살균제 피해사건의 국가배상책임 인정 판결에 대한 고찰」, 『의생명과학과 법』 31권, 원광대학교 법학연구소, 2024.6.

이주영, 「가습기살균제 참사를 통해 본 연구부정행위」, 경희대학교 사회학
　　과 석사학위논문, 2023.

프레시안, 「아내와 아이 잃고 3번 자살 시도, 비극의 원인은」, 2014.1.16.

한국환경보건학회, 「가습기살균제 CMIT/MIT 판결에 대한 한국환경보건
　　학회의 성명서」, 2021.

한국환경산업기술원, 가습기살균제 피해지원 종합포털https://www.
　　healthrelief.or.kr/

환경보건시민센터, 가습기살균제 참사기록관http://eco-health.org/bbs/
　　board.php?bo_table=sub09_01

과학이 인정한 죽음 / 김현수

Choi SJ, et al., "Myocarditis-induced Sudden Death after BNT162b2
　　mRNA COVID-19 Vaccination in Korea: Case Report Focusing on
　　Histopathological Findings", *J Korean Med Sci*, 36(40), 2021.

폭염과 어느 노동자의 죽음 / 최성운

마이클 J. 벤턴(Michael J. Benton), 『대멸종-페름기 말을 뒤흔든 진화사 최대
　　의 도전』, 뿌리와이파리, 2007.

제프 구델 저자, 『폭염 살인 - 폭주하는 더위는 어떻게 우리 삶을 파괴하는
　　가』, 웅진지식하우스, 2024.

Jose Guillermo Cedeño Laurent, Augusta Williams, Youssef Oulhote,
　　Antonella Zanobetti, Joseph G Allen, John D Spengler, "Reduced
　　cognitive function during a heat wave among residents of non-air-

conditioned buildings", *PLOS Medicine* 15(7), 2018.

Yixiang Zhu, Cheng He, Michelle Bell, Yuqiang Zhang, Zafar Fatmi, Ying Zhang, Maryam Zaid, Jovine Bachwenkizi, Cong Liu, Lu Zhou, Renjie Chen, Haidong Kan, "Association of Ambient Temperature With the Prevalence of Intimate Partner Violence Among Partnered Women in Low- and Middle-Income South Asian Countries", *JAMA Psychiatry* 80(9), 2023.

CNN, "Global ocean heat has hit a new record every single day for the last year", 2024.3.18.

KBS, 「1994, 2018, 2024 다음은? 주기 짧아지는 '기록적 폭염'」, 2024.8.25.

KBS, 「야외 작업자 '열사병' 추정 사망…'극한 폭염' 대비는?」, 2024.7.31.

MBC, 「독성 해파리 들끓고 물고기 떼죽음, 열병에 신음하는 바다가 폭염 부채질」, 2024.8.13.

YTN, 「[와이즈픽] '여름 아니고 죽음' 극한 폭염 2024년… 사람들이 점점 미쳐 간다」. 2024.07.13.

뉴스;트리, 「극심한 더위 폭력성 높인다…1℃ 오르면 폭력발생 6.3% 상승」, 2023.6.29.

메디칼업저버, 「계속된 폭염이 폭력을 부른다」, 2016.6.28.

한겨레, 「고온이 뇌에 영향 미친다… 폭염에 범죄율이 느는 이유」, 2022.7.21.

_____, 「에어컨 달다 숨지도록… 폭염 속 급식실엔 '선풍기 2대'뿐」, 2024.08.20.

_____, 「폭염에 스러진 27살 아들… '1시간 방치, 사진 찍을 시간에 신고했다면'」, 2024.8.20.

WEF, "Heat waves can impact our mental health. Here's how", 2022.7.14.

고용노동부와 한국산업안전보건공단, "여름철 폭염으로 인한 온열 질환 예방가이드", 2024.

피앰아이, "폭염 관련 기획 조사", 2023.

만성적 재난 / 이동규

Carpenter, Kenneth J., *Protein and Energy: A Study of Changing Ideas in Nutrition* (New York: Cambridge University Press, 1994).

Cicely D. Williams, "A Nutritional Disease of Childhood Associated with a Maize Diet," *Archives of Disease in Childhood*, 8, 1933.

Cicely D. Williams, "Kwashiorkor: A Nutritional Disease of Childhood Associated with a Maize Diet," *Lancet,* 1935.

Cicely D. Williams, "What is Pellagra in Children?" *Transactions of the Royal Society of Tropical Medicine and Hygiene*, 1, 1940.

Frances Moore Lappe, *Diet for A Small Planet* (New York: Ballantine Books, 1971).

Lee, Dongkue, "Behind the Protein Battle Lines in the 1970s: Nutritional Turmoil in the Postwar World," *Korean Journal of Medical History*, 33, 2024.

McLaren, Donald, "The Great Protein Fiasco," *Lancet*, 13, 1974.

Richard D. Semba, "The Rise and Fall of Protein Malnutrition in Global Health," *Annal of Nutrition & Metabolism*, 69 (2016): 79-88.

Scott-Smith, Tom, *On an Empty Stomach: Two Hundred Years of Hunger Relief* (Ithaca, NY: Cornell University Press, 2020).

Thi-Phuong-Thao Pham, Maryam Tidjani Alou, Michael Golden, Matthieu Million, Didier Raoult, "Difference Between Kwashiorkor and Marasmus: Comparative Meta-analysis of Pathogenic Characteristics and Implications for Treatment," *Microbial Pathogenesis*, 150, 2021.

Urban Johnson, "Child Malnutrition: From the Global Protein Crisis to a Violation of Human Rights," in *Sustainable Development in a Globalized World: Studies in Development, Security and Culture*, vol. 1 ed. Bjorn Hettne (Basingstoke, Palgrave Macmillan, 2008).

한봉석, 「냉전 하 미국 저개발국 원조와 영양학, 그리고 인도주의 구호의 의미: 미국의 남미 어린이 급식사업(Operation Ninos, 1962-65)의 경험을 중심으로」, 『사림』 87호, 2024.

"병은 입으로 들어온다" / 최지희

The China Medical Missionary Journal

The China Press

The North-China Daily News

申報

東方雜志

同仁醫學

大公報(天津)

衛生公報

中國衛生雜志

배경한, 「1920, 30년대 上海의 衛生:衛生의 法制化와 科學化」, 『중국근현대사연구』 17, 2003.

유연실, 「1946년 상하이 콜레라의 유행과 확산 - 공간적 · 계층적 분포를 중심으로-」, 『중국사연구』 147, 2024.

조정은, 「일본점령기 상하이의 콜레라 방역과 도시공간-백신 강제 접종과 주민의 인식을 중심으로」, 『도시연구(역사 · 사회 · 문화)』 26, 2021.

최지희, 「청말 민국 초 전염병과 의약시장 : 콜레라 치료제의 생산과 광고를 중심으로」,『역사와경계』124, 2022.

劉趙昆, 餘新忠, 「衛生意識與近代中國食品市場的規範化塑造-以近代天津市汽水業爲例」,『安徽史學』4, 2024.

吳布林, 「南京國民政府時期上海食品衛生監管硏究(1927-1937)」, 南京師範大學 博士學位論文, 2015.

李小芳, 「1912~1927年間的中國食品衛生簡介」,『中華醫史雜志』24-3, 1994.

李小芳, 王曉玲, 「中國食品衛生史料(192-1949)」,『中華醫史雜志』27-1, 1997.

朱德明, 「上海公共租界食品檢疫初探」,『曆史敎學問題』6, 1995.

어떤 중국인의 이름 없는 죽음 / 김승래

The North-China Herald

유연실, 「1946년 상하이 콜레라의 유행과 확산」,『중국사연구』147, 2024.

範日新, 「上海市霍亂流行史及其週期性」『上海衛生』1, 上海市衛生局, 1947.

★집필자 소개★

김승래   경희대학교 인문학연구원 HK+통합의료인문학연구단 HK연구
교수. 경희대학교 사학과에서 공부한 뒤 일본 도쿄대학교에서
문학 박사학위를 받았다. 전문 분야는 중국 근대 개항장 도시
의 도시 행정으로, 현재 동아시아 전역의 근대 도시를 중심으로
연구하고 있다. 주요 논문으로는 「20세기 초 상해 공공조계의
보산현 확장 문제－1908년 확장 교섭을 중심으로」, 「청말 상해
공공조계 월계로 지구의 과세 문제(清末の上海共同租界越界路地
区における課税問題)」가 있다.

김현수   경희대학교 인문학연구원 HK+통합의료인문학연구단 HK연
구교수. 동국대학교 철학과를 졸업, 동 대학원에서 박사학위
를 받았다. 주요 저서와 논문으로는 『출산의 인문학』(공저), 『출
산, 대중매체를 만나다』(공저), 『마음과 고통의 돌봄을 위한 인
문학』(공저), 『나이 듦과 함께하는 의료인문학』(공저), 「고통받
는 환자의 온전성 위협과 연민의 덕」, 「한국 의철학의 건강 개
념 연구 동향」, 「의철학적 관점에서 본 『장자』 중 중국고대의학
사상의 면모 : 질병과 질환을 중심으로」 등이 있다.

이동규   경희대학교 HK+통합의료인문학연구단 HK연구교수. 고려대
학교를 나와 같은 학교 대학원에서 석사학위를 받은 후 미국

컬럼비아 대학교 석사학위를 취득했다. 이후, 홍콩대학교에서 박사학위를 받았다. 주요 논문은 "The Solution Redefined: Agricultural Development, Human Rights, and Free Markets at the 1974 World Food Conference", 「식량과 인권: 1960년대 후반 식량농업기구의 '기아로부터의 자유운동'과 사회경제적 권리」, 「곡물대탈취: 1973년 미국-소비에트 곡물 거래와 국제 식량 체계의 위기」 등이 있다.

조민하   경희대학교 인문학연구원 HK+통합의료인문학연구단 HK연구교수. 고려대학교 국어국문학과를 졸업하고 동 대학원에서 국어음성학 석사학위와 박사학위를 받았다. 주요 논저로는 『나이 듦과 함께하는 의료인문학』(공저), 『첨단기술 시대의 의료와 인간』(공저), 「환자중심형 의료커뮤니케이션 위한 방안(1): 의사의 친절함을 중심으로」, 「환자중심형 의료커뮤니케이션 위한 방안(2): 의사의 존중 표현을 중심으로」, 「인공지능을 활용한 의료상담의 인식과 과제: 20대 대학생 대상 설문조사를 통하여」 등이 있다.

조태구   경희대학교 인문학연구원 HK+통합의료인문학연구단 HK교수. 경희대학교에서 베르크손에 대한 연구로 석사학위를 받고 프랑스10대학에서 앙리에 대한 연구로 철학 박사학위를 받았다. 주요 저서와 논문으로는 『의철학 연구 - 동서양의 질병관과 그 경계』(공저), 「반이데올로기적 이데올로기 - 의철학 가능성 논쟁: 부어스와 엥겔하르트를 중심으로」, 「삶과 자기-촉발 - 미셸 앙리의 역동적 현상학」, 「돌봄, 주체 그리고 삶: 미셸 앙리와 돌봄에 대한 다른 접근 가능성」 등이 있다.

최성민   경희대학교 인문학연구원 HK+통합의료인문학연구단 HK교수. 문학평론가. 서강대학교 국어국문학과를 졸업하고, 같은 곳에서 석사, 박사학위를 받았다. 주요 저서와 논문으로 『근대 서사 텍스트와 미디어 테크놀로지』, 『다매체시대의 문학이론과 비평』, 『의료문학의 현황과 과제』(공저), 『죽음의 시공간』(공저), 「한국 의학드라마 연구 현황과 전망」, 「팬데믹 시대의 생명과 데이터 리터러시」, 「노인 간병과 서사적 상상력」 등이 있다.

최성운   경희대학교 인문학연구원 HK+통합의료인문학연구단 HK연구교수. 서울대학교 고고미술사학과와 원광대학교 한의학과를 나와 경희대학교 대학원에서 의사학 전공으로 한의학 석사와 박사학위를 받았다. 주요논문으로는 「약물 처방 하나로 질병 치료부터 회춘과 장수까지 - 16세기 중후반 조선의 도교양생법 복식(服食)에 대한 미시사적 연구」, 「차력, 강신(降神)과 약물을 통한 인간 몸의 변환과 신적 세계의 구현 - 19세기 중반 조선의 차력의 초기양상과 계보에 대한 연구」 등이 있다.

최지희   경희대학교 인문학연구원 HK+통합의료인문학연구단 HK연구교수. 전남대학교 사학과를 졸업하고 중국 난카이대학에서 박사학위를 받았다. 주요 논문으로는 「청대 사회의 용의(庸醫) 문제 인식과 청말의 변화」, 「청대 의약업의 성장과 약목(藥目)의 출판」, 「청대 의약시장의 상업화와 '매약'」, 「청대 의약시장의 변화와 '가짜약' 논란」, 「청말 민국 초 전염병과 의약시장: 콜레라 치료제의 생산과 광고를 중심으로」, 「근대 중국인의 신체 단련과 국수체조의 형성-팔단금을 중심으로」 등이 있다.

경희대학교 인문학연구원 / HK+통합의료인문학연구단 / 통합의료인문학문고07

어떤 죽음4 — 죽음에 대한 인문학 이야기: 재난편

등록 1994.7.1 제1-1071
1쇄 발행 2025년 1월 10일

기　획　경희대학교 인문학연구원 HK+통합의료인문학연구단
지은이　김승래 김현수 이동규 조민하 조태구 최성민 최성운 최지희
펴낸이　박길수
편집장　소경희
편집·디자인　조영준
관　리　위현정
펴낸곳　도서출판 모시는사람들
　　　　03147 서울시 종로구 삼일대로 457(경운동 수운회관) 1306호
전　화　02-735-7173 / 팩스 02-730-7173

인　쇄　피오디북(031-955-8100)
배　본　문화유통북스(031-937-6100)
홈페이지　http://www.mosinsaram.com/

값은 뒤표지에 있습니다.
ISBN　979-11-6629-215-6　　04000
세트　979-11-88765-98-0　　04000

이 저서는 2019년 대한민국 교육부와 한국연구재단의 지원을 받아 수행된
연구임(NRF-2019S1A6A3A04058286).